CHRISTINE HAAS

# Verseau 2024

Du 20 janvier au 19 février

# Table

## I: Votre Année 2024



## II: Votre signe astrologique



## Annexe

# Partie I

# Votre Année 2024

# Votre décan en 2024

Lisez les 3 décans de votre signe, il est très fréquent qu'une ou deux autres planètes de votre thème occupent ceux qui ne sont pas le vôtre et que cela vous donne des renseignements supplémentaires. Tous les détails sur votre signe sur celastro.com

# 1er décan

DU 20 AU 30 JANVIER

## EN RÉSUMÉ

Une année de transformations, de mutations intérieures pour plusieurs membres de votre décan. Et même si Pluton est au tout début de votre décan, peut-être que vous en aurez tous des échos… En tout cas, au positif, ce sont d'énormes changements au sein même de votre psychisme qui ne seront peut-être pas visibles dans un premier temps, mais ils peuvent correspondre à un déblocage et vous permettre d'atteindre la position à laquelle vous aspirez. Maintenant, si la conjoncture n'est pas positive, elle sera un facteur de crise, personnelle ou non, mais vous aurez probablement un mur à franchir et ça ne sera pas facile à faire. Cependant, À partir du 25 mai au 9 juillet, un bon aspect de Jupiter sera renforcé par Pluton, et vous pourrez alors transformer en positif ce qui était peut-être négatif : un processus de résilience se mettra en route.

## TRAVAIL, QUOTIDIEN, RELATIONS

Des sous, des sous ! Toute l'année dernière et encore début 2024, jusqu'au 1er mars, la conjoncture n'était pas et n'est toujours pas très favorable à des résultats financiers à la hauteur de vos espérances. Mais vous serez surpris de le voir, cela va changer et parfois du tout au tout, si l'on considère les autres aspects de cette année. Cependant, la conjoncture en question vous a certainement appris quelque chose : à prendre davantage conscience de la valeur de l'argent, par exemple. Les uns ont été obligés d'économiser, de se restreindre, alors que d'autres l'ont fait par plaisir, pour se constituer une cagnotte, peut-être dans le but d'effectuer un achat conséquent, voire un placement. Libéré de la peur de ne pas avoir assez ou de manquer, il est évident que vous allez davantage profiter de la vie et des plaisirs que l'argent peut vous apporter.

## AMOURS

Vénus ne fait pas de boucle cette année, vous ne pouvez donc pas compter sur elle pour vous renseigner sur l'état de votre vie affective. Cependant, un autre élément se rajoute et va certainement avoir plus d'importance pour vos sentiments que la petite et rapide Vénus : c'est Jupiter. La planète réputée chanceuse et qui amplifie tout (le bon comme le moins bon) investira en effet votre secteur sentimental, qui gère plaisirs et loisirs, à partir du 25 mai ; et vous en ressentirez les effets quelque temps avant. Célibataire, quelqu'un que vous admirerez vous attirera beaucoup et il se peut qu'une relation légère au départ se transforme en amour véritable et inconditionnel pour une personne que vous trouverez charismatique. Et si vous êtes en couple, il pourrait être béni par l'arrivée d'un enfant, d'un petit-enfant, par un mariage, le vôtre ou celui d'un proche.

## DIFFICULTÉS

La présence de Pluton chez vous, à partir du 21 janvier, a déjà fait parler d'elle en 2023 à travers l'ambiance un peu peut insurrectionnelle qui a régné pendant une période. La planète des crises occupe votre signe, réputé pour être un symbole de révolte sociale et de besoin de tout changer. Cela peut aussi être à l'image de votre vie : dans certains cas, vous aurez envie/besoin de tout changer, de repartir de zéro, à moins que cela ne vous soit imposé par les circonstances. Le profond changement qui peut se manifester en vous sera, éventuellement, lié à une épreuve qui sera comme un défi à relever. Et on peut penser que les bons influx de Jupiter indiquent que vous gagnerez sur cette éventuelle adversité, que vous en ressortirez plus fort que jamais et disposant d'une forme de pouvoir, celui d'un modèle que l'on peut admirer.

# 2e décan

DU 30 JANVIER AU 9 FÉVRIER

## EN RÉSUMÉ

Grâce aux influx de Saturne, à partir de mars, vous prendrez conscience de ce que l'argent peut vous apporter en termes de liberté d'action, de bien-être et de sécurité. Cela n'avait peut-être pas été le cas jusqu'à présent parce que vous n'en aviez pas manqué au point de devoir faire des économies ? C'est en tout cas ce qui vous est conseillé, ou ce que vous allez vous-même mettre en place parce que vous avez un plan dans votre tête. Et comme Jupiter sera en relation avec vous en mars et avril, on peut penser que votre plan sera d'acheter un bien ou de placer votre argent d'une autre manière. Et si vous êtes vraiment en manque, vous aurez probablement une idée de génie l'été prochain (juillet-août) qui vous permettra d'en gagner plus.

## TRAVAIL, QUOTIDIEN, RELATIONS

Ce qui vous excite le plus dans votre travail, c'est la notion de projet. Elle peut s'appliquer sur des situations très diverses : tout peut être projet ! Si vous travaillez dans le social, votre idée sera peut-être d'améliorer le domaine dont vous vous occupez et ce sera possible entre février et mars grâce à de nouvelles fonctions, ou au départ de quelqu'un qui vous barrait la route. Si vous êtes dans un autre domaine, votre projet sera de construire une équipe, un groupe, une structure où vous pourrez réunir des gens autour de vous et former une sorte de famille. Un peu plus tard dans l'année, vers l'été, vous ferez quelque chose qui attirera l'attention sur vous et sur vos idées : vous serez un peu sous le feu des projecteurs et vous aimerez ça !

## VOS AMOURS

À l'instar des autres décans de votre signe, vous n'aurez rien de très remarquable de la part de Vénus, laquelle sera rapide comme l'éclair et ne laissera pas beaucoup de traces. Elle sera physiquement dans votre décan du 24 février au 3 mars, pendant la période Poissons et, à mon avis, vous serez plus satisfait financièrement qu'amoureusement. Néanmoins, certains passeront par des moments plutôt passionnés ! Mais le plus intéressant, ce sera juillet, août et une partie de septembre, puis de nouveau novembre et décembre : Jupiter (chance, expansion) occupera votre secteur sentimental et l'amour prendra alors beaucoup de place. Soit parce que vous tomberez amoureux, soit parce qu'il y aura un heureux événement pour les couples. Nous en parlerons plus en détail dans le mois par mois.

## DIFFICULTÉS

Des soucis avec l'administration ? C'est le pire qui puisse vous arriver cette année, mais n'oubliez pas de vous renseigner sur votre ascendant. En tout cas, du 21 février au 13 avril, la planète sera en rapide dissonance avec vous, comme elle l'avait été pour certains en 2023 (juillet-août). Des problèmes avec votre déclaration d'impôts ?

À moins que vous ne viviez une situation injuste ou que vous n'ayez une page à tourner sur le plan professionnel. Toutefois, certains peuvent avoir à déménager, ce qui est toujours un important facteur de stress. Par ailleurs, Mars sera chez vous du 26 février au 10 mars, une période où vous aurez des efforts à faire, une décision à prendre, un conflit à gérer et où vous serez d'une grande impatience. Vous vous irriterez pour un oui ou pour un non. Attention à ne pas vous faire mal en voulant aller trop vite.

# 3e décan

DU 9 AU 18-19 FÉVRIER

## EN RÉSUMÉ

Vous aimez l'imprévu, tout ce qui sort du banal, du train-train ? Vous allez être servi cette année ! Certes vous serez déstabilisé, mais d'abord ça ne sera pas tout le temps et ensuite c'est probablement nécessaire pour vous faire bouger et évoluer. Vous êtes peut-être trop « accro » à un statut et il doit changer pour que vous, vous puissiez progresser. La situation était peut-être hyperconfortable, elle ne le sera plus pendant un certain temps (mais avec des pauses) et c'est pour votre bien. C'est ce que vous devez vous dire… Peut-être même que ce sera libérateur et qu'après-coup vous remercierez le ciel de vous avoir contraint au changement. Cela dit, certains le vivront sans problème, d'autres seront au contraire très nostalgiques de ce qu'ils avaient « avant ».

## TRAVAIL, QUOTIDIEN, RELATIONS

Entre le 13 avril et le 25 mai, il va très probablement y avoir du remue-ménage, mais qui dit que ce n'est pas ce que vous souhaitez ? Vous libérer de contraintes qui vous empêchent de prendre la direction que vous souhaitez prendre ? En tout cas, il se peut qu'une situation se décoince soudain et que vous puissiez enfin ne plus dépendre de personne, ou de l'entreprise qui vous employait. Vous mettrez le temps qu'il faudra, mais vous pourriez monter votre petite entreprise et faire enfin ce que vous aimez vraiment. Toutefois, vous pouvez aussi changer d'employeur et entamer un parcours juridique contre l'ancien qui ne s'est pas bien conduit avec vous. Certains, nés au début du décan (entre le 9 et le 14 février) recevront un bon aspect de Jupiter à partir d'août-septembre et se féliciteront de leur choix. Vous vous sentirez même récompensés.

## VOS AMOURS

En 2024 la planète du cœur ne fera rien de bien intéressant, sauf quand elle passera par conjonction sur votre Soleil du 3 au 11 mars. Votre cœur fera des bonds ! Cependant, on notera que le transit de Jupiter en Taureau, le signe de Vénus, peut avoir un effet sur votre vie affective et surtout familiale. Un mariage pourrait avoir lieu et votre clan s'agrandira… L'arrivée d'un enfant est également possible, pour vous ou pour l'un de vos proches, et ce sera une occasion de vous réjouir. Toutefois, quand Vénus traversera le troisième décan du Taureau où elle rencontrera Uranus et Jupiter, c'est-à-dire dans la deuxième quinzaine de mai, il n'est pas exclu que vous craquiez pour quelqu'un que vous connaissez déjà, un ou une ex. Cependant, vous pouvez aussi voir un lien se rompre.

## DIFFICULTÉS

C'est évident, la présence d'Uranus au zénith de votre zodiaque risque de vous créer des ennuis inattendus, surprenants, surtout quand Jupiter s'en mêlera au mois de mai. Cependant, ce qui est difficile à cerner, c'est la puissance de cette conjoncture car elle dépend de la position des planètes en jeu le jour de votre naissance. Aussi, si cela représente un moment clé de l'année dans un registre négatif (vous vous sentez rejeté), la configuration peut aussi correspondre à la résolution imprévue d'un problème qui vous pesait beaucoup, à un nouveau départ auquel vous ne vous attendiez peut-être pas. Dans un autre registre, certains d'entre vous peuvent être obligés de déménager, et cela vous rendra très anxieux, stressé, ne sachant pas si vous allez pouvoir vous adapter à un nouvel environnement.

# Votre ascendant en 2024

Pour savoir quel est le décan de votre ascendant : twelv.love

Vous ne la ressentirez peut-être pas, mais Pluton revient en Verseau le 21 janvier (en même temps que le Soleil) et les deux vont éclairer votre ascendant, ce qui ne peut que produire de très profonds changements en vous. Soit parce que vous changerez d'activité, soit parce que vous ferez un travail sur vous-même et que, peu à peu, dans les deux trois années qui viennent, vous vous transformerez et surtout vous transformerez vos relations avec les autres. Et il n'est pas question ici de votre famille mais des gens en général, ceux avec lesquels vous travaillez, des relations qui peuvent avoir une connotation amicale. L'amitié aura d'ailleurs une grande importance avec Pluton, ainsi que les causes que vous défendez. L'évolution sociale vous intéressera tout particulièrement, entre ceux qui veulent le progrès – dont vous faites partie – et les autres, il y aura des dissensions. Jupiter (opportunités) sera également de votre côté à partir de mai et vous ressentirez particulièrement son harmonie avec Pluton qui aura lieu quasiment tout le mois. Il y a de la rénovation au programme, des transformations sociales concrètes et dont vous serez le premier à bénéficier.

# TAUREAU

Jusqu'au 25 mai, vous recevrez Jupiter, comme l'année dernière pour certains, et ce sera une période propice à l'expansion, aux honneurs parfois, aux voyages, bref à tout ce qui peut vous emmener plus loin et plus haut. Mais attention, en général on a la « grosse tête » avec Jupiter ! Ne vous croyez pas supérieur aux autres et ne faites pas « la grenouille plus grosse que le bœuf » ! Ne jouez pas non plus « David contre Goliath », vous pouvez tomber sur plus fort que vous. Après le 25 mai, c'est le domaine des acquisitions qui sera au premier plan, avec pour les uns la possibilité de s'acheter un toit, une voiture, quelque chose d'important et pour les autres avec une conséquente rentrée d'argent, qu'il s'agisse d'un héritage, d'un dédommagement ou du fruit d'une vente. De l'argent que vous réinvestirez rapidement. Par ailleurs, certains seront de nouveau dans une impasse dès janvier, ou obligés de changer de job.

## GÉMEAUX

Saturne se trouvant au zénith de votre zodiaque, il faudra compter avec le temps cette année. Tout sera lent, en revanche vous serez très constructif, sérieux dans ce que vous faites et vous serez certainement récompensé d'une longue attente. Tous les efforts que vous aurez faits se révéleront payants, mais ce sera plus ou moins évident selon le décan de votre ascendant. En tout cas, vous développerez ou aurez développé quelque chose – un produit peut-être – qui peut vous rapporter gros et vous assurer de prendre une place dont on ne vous chassera pas facilement. Ce sera actif pour les uns, en devenir pour les autres. Puis, cerise sur le gâteau, Jupiter entrera chez vous le 25 mai et n'en sortira plus de toute l'année, les trois décans y ayant droit. Vous êtes assuré de pouvoir vous développer davantage et d'obtenir le poste ou les honneurs que vous méritez. Cela dit, soyez le plus possible en règle avec l'administration, ne la traitez pas par le mépris !

# CANCER

♋

C'est une année de stabilisation qui s'offre à vous, surtout si votre ascendant est au début du Cancer. Mais chaque décan y aura droit au fil du temps. La planète responsable : Saturne, maître des horloges et de tout ce qui se construit avec le temps. Vous avez fait ce qu'il fallait, ou allez le faire (selon le décan de votre ascendant) et même si vous avez trouvé et trouvez encore le temps long, ou si vous avez dû travailler d'arrache-pied, vous n'aurez qu'à vous en féliciter. De plus, vous vous attacherez à votre activité, au point qu'elle sera indispensable à votre équilibre personnel, et financier bien sûr. Par ailleurs, Jupiter, la planète de chance sera favorable à vos projets et à votre avenir en général du début de l'année jusqu'au 25 mai : vous pourrez même passer du stade de l'idée à celui de la réalisation, mais plus tard, surtout si votre projet prend sa source après le 25 mai : il faudra alors attendre l'année prochaine. Mais le délai ne sera pas inutile pour lui donner des bases solides.

## LION

Votre ascendant sera très occupé cette année. D'abord, pour certains, il y a encore l'opposition de Pluton, qui a commencé en 2023 et se poursuit en 2024, avec cependant de bons influx pour l'empêcher de jouer un rôle négatif. Tout au plus aurez-vous des doutes sur la fiabilité d'un associé ou sur les sentiments de votre partenaire. Le plus important ce sont les influx de Jupiter, au zénith de votre ciel jusqu'en mai ; les uns pourraient grimper un échelon (promotion), ou recevoir un hommage, alors que les autres devront changer leur fusil d'épaule par rapport à un projet ; ce sera la part d'imprévu de l'année et elle aura lieu au mois d'avril. Puis après le 25 mai, Jupiter sera en Gémeaux et formera de bons aspects qui indiquent que vous allez pouvoir développer et imposer vos idées. Vous aurez certainement des alliés sur lesquels vous pourrez compter pour vous appuyer au moment où ce sera nécessaire. Une histoire de cœur ou une belle amitié pourraient aussi prendre leur source après cette date.

# VIERGE

♍

Déjà en 2023, votre ascendant a reçu de bonnes vibrations de Jupiter, mais tout le signe n'était pas concerné. En 2024, jusqu'au 25 mai, la planète de chance et d'expansion sera tout le temps en harmonie avec vous et vous facilitera grandement la vie. Parfois vous ne vous en apercevrez pas, vous trouverez normal de ne pas avoir d'obstacle à surmonter et ce n'est que s'ils se présentent que vous prendrez conscience de la chance que vous aviez auparavant. Certes, Jupiter sera rapide et certains auront déjà eu droit à une promotion, à un beau voyage, à des honneurs, voire à une réussite à des examens. Après le 25 mai, Jupiter siégera au zénith de votre zodiaque, ce qui n'est pas mal non plus ! Toutefois, vous aurez plus de responsabilités et donc moins de temps pour vous et pour votre vie personnelle. De plus, il faudra vous montrer ferme, parfois autoritaire, tout en restant très humain et respectueux de la sensibilité des autres, que ce soit au boulot ou en famille, avec les enfants si vous en avez.

# BALANCE

Prévoyez une bonne année, surtout à partir du printemps ! Certains auront même la possibilité de conquérir le pouvoir grâce à un bon aspect de Pluton qui revient (comme l'année dernière) et s'installe définitivement. Pluton regardera le 1$^{er}$ décan de votre ascendant jusqu'en 2029 et si vous utilisez intelligemment ce pouvoir et l'argent qui va avec, vous n'aurez plus à vous inquiéter pour votre avenir. Par ailleurs, à partir de mai, Jupiter occupera le signe ami des Gémeaux et sera en harmonie avec Pluton : une grosse somme pourrait vous être offerte, et vous l'aurez gagnée grâce à votre travail. Par la suite, Jupiter ne quittera plus les Gémeaux et c'est la garantie pour vous de voir vos affaires se développer sans rencontrer d'obstacles. Côté cœur, ça devrait bien se passer aussi, Vénus sera souvent en phase avec vous et à chaque fois vous éprouverez un sentiment de plénitude. Normalement, 2024 devrait être une des meilleures années depuis longtemps. Et mieux encore si votre signe est en harmonie avec la Balance : Gémeaux, Lion, Sagittaire, Verseau…

# SCORPION

Le plus important cette année, pour votre ascendant, c'est le retour de Pluton en Verseau dès le mois de janvier. Et elle s'y installe, 1er décan jusqu'en 2029. Son « travail » est de vous conduire de l'ombre à la lumière, des enfers d'où elle vient au paradis… Les métaphores sont nombreuses pour exprimer les changements, les mutations que vous allez entreprendre et qui passeront certainement par un travail sur vous-même, vous entraînant vers une meilleure connaissance de votre richesse intérieure, de vos ressources. Cela peut passer par des épreuves, mais elles auront pour but de vous (re) construire, le printemps (juin surtout) pouvant être un moment un peu difficile. Vous aurez cependant des aides parfois providentielles, mais elles ne vous seront proposées que si vous êtes assez ouvert aux autres et au monde en général pour les accueillir. Par ailleurs, la présence de Saturne en Poissons va dans le sens d'une plus grande stabilité et d'une volonté de votre part de trouver votre équilibre. Quelqu'un de plus âgé ou de plus expérimenté que vous jouera un rôle important.

Selon votre année de naissance, vous bénéficierez un peu ou beaucoup des bons influx de Pluton ! La planète entre définitivement en Verseau et d'énormes changements, des transformations radicales seront liées à cette conjoncture qui fait son retour après 245 ans d'absence. Elle était apparue en Verseau quelques années avant la Révolution française... Si vous y êtes sensible, cette planète peut accentuer tous vos pouvoirs, des pouvoirs liés à la connaissance, à ce que vous avez appris autant dans la vie que dans les livres. À cet égard, le mois de juin devrait être un des meilleurs de l'année. De plus, une association, un mariage, un contrat en or pourraient être au programme. Les célibataires, eux, auront peut-être la possibilité de faire une rencontre marquante. En revanche, un autre domaine risque d'être problématique, c'est celui de la famille, de la vie intime, à cause d'une dissonance de Saturne, déjà active en 2023. Devrez-vous vendre un bien, ou faire un choix difficile et renoncer à quelque chose ou à quelqu'un ?

# CAPRICORNE

Pluton quitte votre signe où elle était établie depuis 2008 et tout le temps où elle a été chez vous, les crises se sont succédé à l'échelle nationale et mondiale. C'est un des pouvoirs de Pluton que de créer des crises ; mais c'est aussi une planète de pouvoir et si vous y êtes sensible, c'est à présent le pouvoir de l'argent qui va être au premier plan. Toutefois, cela n'ira pas sans crises dans ce domaine, qu'elles soient personnelles ou non. Par ailleurs, votre planète maîtresse, Saturne, avait investi le 1er décan des Poissons en 2023, elle s'y réinstalle en 2024 mais jusqu'au 1er mars et ce sera alors le tour du 2e décan d'en recevoir les influx constructifs. Peut-être que vous aurez le sentiment d'être moins entouré, mais vous êtes de ceux qui ne détestent pas la solitude, surtout quand elle vous permet d'étudier, ou d'écrire (mémoires de fin d'étude, romans, essais, etc.). Il se peut aussi qu'un apprentissage vous ouvre des portes une fois qu'il sera terminé. En outre, la planète de chance (Jupiter) sera très favorable jusqu'au 25 mai : vous profiterez de belles occasions, tomberez amoureux ou aurez un enfant…

## VERSEAU

C'est une année décisive pour certains : dès janvier, Pluton revient chez vous et s'installe dans votre 1er décan jusqu'en 2029 ! C'est la première fois que la planète transite votre signe ascendant depuis 1778, mais vous en avez déjà eu une idée en mai 2023 où sa dissonance avec Jupiter avait pu faire des dégâts. Cette année, elle revient accompagnée du Soleil (conjonction les 21, 22 janvier) ce qui va teinter toute votre année. Les uns vont acquérir un pouvoir dont ils devront user avec délicatesse s'ils ne veulent pas qu'on les traite de tyrans ! Les autres vont changer radicalement de vie, peut-être même repartir de zéro, les troisièmes connaîtront des épreuves, une crise qui sera nécessaire à une meilleure connaissance d'eux-mêmes. Mai et juin seront certainement des mois (surtout mai) de « gloire », de reconnaissance de vos talents, avec de belles récompenses financières pour certains. Toutefois, il est possible qu'il y ait des deuils autour de vous. Avec Pluton, on gagne d'un côté, mais on peut perdre de l'autre. C'est sa loi.

## POISSONS

Votre année 2024 sera sous l'influence de Saturne, qui est déjà dans votre ascendant depuis quelques mois et y restera toute l'année. Cela n'arrive que tous les 29 ans et c'est en général un tournant dans votre vie. Cela dit, tout le signe n'est pas concerné cette année... Quoi qu'il en soit, vous ne pourrez pas vous y tromper car avec Saturne on construit, on grandit, on mûrit et on consolide ses acquis. Mais parfois cela se fait à travers une épreuve, tout dépend des états de Saturne le jour de votre naissance. Une relation amicale ou autre pourrait également prendre une importance particulière. Par ailleurs, Jupiter (chances, opportunités) vous sera favorable jusqu'au 25 mai, et surtout si vous êtes de ceux qui veulent se faire des relations intéressantes professionnellement. Vous pourriez également apprendre une nouvelle langue, ou agrandir votre champ d'action en ajoutant une corde à votre arc. Après le 25 mai, Jupiter occupera le secteur de la maison et de la famille. Les uns déménageront, achèteront un bien, alors que les autres verront la famille s'agrandir par le biais d'un mariage ou d'une naissance.

# Vos prévisions 2024

mois par mois

# Janvier

**UN MOIS POSITIF POUR :**

**1. Vous occuper de vous, de votre forme, de votre santé**, que vous avez peut-être négligées le mois dernier parce que vous vous êtes légèrement laissé aller pendant les fêtes ! Avec le signe de Saturne pour vous coacher (le Capricorne), 2e et 3e décans vous aurez une belle force intérieure pour vous reprendre et récupérer. Si vous vous sentez un peu fatigué, ou souvent barbouillé, une petite diète, ou un régime séquentiel (on ne mange que pendant 8 heures et on jeûne pendant 16 heures) ne peuvent que vous faire du bien et booster votre immunité.

**2. Faire la fête !** 1er décan, on vous souhaitera votre anniversaire à partir du 20, 16h09 cette année. L'harmonie entre Jupiter et Saturne indique que vous avez trouvé, ou que vous allez trouver un équilibre financier, ou un travail dans lequel vous pourrez exprimer tout votre potentiel et vous sentir comme en famille. Par ailleurs né entre le 20 et le 25, Pluton est en conjonction et c'est une vraie mutation qui va s'opérer en vous cette année. Psychologique ou matérielle.

**CÔTÉ CŒUR**

**Célibataire**, jusqu'au 23, Vénus occupe le Sagittaire et prend une teinte à la fois amicale et amoureuse. Vous avez des sentiments pour quelqu'un avec qui vous êtes ami, en apparence, mais peut-être que vous souhaiteriez que ça aille plus loin ! Avec le Sagittaire, on en veut toujours plus, mais cela semble compliqué pour le 1er décan, Vénus étant en dissonance avec Saturne la première semaine du mois. On ne peut pas dire que vous serez satisfait. Pour les autres, ça se passera plutôt bien (du 5 au 23).

**En couple**, la Vénus du Sagittaire fait renaître l'amour, le désir, l'envie de faire des folies à deux, histoire de ne pas vous encroûter. Vous pouvez toujours essayer ! Mais le 1er décan risque de se heurter à un mur (Saturne), votre partenaire n'étant pas sur la même longueur d'onde. Mais il y a une autre interprétation : certains peuvent avoir perdu quelqu'un, un ou une amie et vous avec plus besoin qu'on vous console, qu'on se comporte en ami/e avec vous, que de pimenter votre couple. Vous serez dans de meilleures dispositions 2e et 3e décans après le 7.

## À SURVEILLER

Saturne, toujours elle. Certes elle est en harmonie avec Jupiter et c'est positif pour vous, mais elle occupe un secteur qui est en lien avec les acquisitions et les pertes. Et si vous n'avez pas de soucis financiers, il est très possible que ce soit le registre de la perte qui soit au premier plan. Comme nous l'avons vu, un ou une amie a pu disparaître, et vous serez très triste… Vous pouvez aussi avoir un emprunt à rembourser… Mais si cette conjoncture agit positivement, ce sont des kilos que vous avez des chances perdre et, résultat, vous vous sentirez plus léger !

## NOUVELLE LUNE DU 11 JANVIER

Elle se forme **dans** le 3e décan du Capricorne et est en bon aspect avec votre planète maîtresse, Uranus. Il peut y avoir une progression, un mieux-être dans le domaine de la santé. Si vous aviez mal quelque part, peut-être qu'un traitement vous soulagera. Mais cette Nouvelle Lune peut également vous inciter à travailler plus pour gagner plus (elle est gérée par Saturne, qui occupe votre secteur financier). Vous aurez probablement peur de manquer... Mais, nous l'avons vu, une perte réelle peut aussi vous toucher.

## PLEINE LUNE DU 25 JANVIER

**Elle oppose le 1er décan de votre signe (Soleil) au 1er décan du Lion.** Elle est en dissonance avec Jupiter et donne de l'ampleur à une petite tracasserie familiale ou professionnelle. Un problème avec l'autorité d'un supérieur peut vous contrarier, et c'est peut-être une situation qui s'est déjà présentée en juin 2023. Il est possible que vous vous demandiez comment vous devez agir et si vous devez prendre une décision tout seul ou si vous avez intérêt à demander conseil à un proche.

# Février

## UN MOIS POSITIF POUR :

**1. Consacrer du temps à vos amis**, les laisser vous organiser une fête pour votre anniversaire, être cool avec ceux que vous aimez, surtout à partir du moment où Mars entrera dans votre signe (le 13 février). Vous serez monté sur ressorts et, parfois, un peu agressif avec votre entourage. De plus, la conjonction de Mars avec Pluton peut vous donner un côté inflexible et un peu dur à vivre pour les autres, d'autant plus que Vénus arrivera chez vous le 16 et sera conjointe à Mars et à Pluton. Il se peut qu'une crise vous coupe de vos sentiments, que vous ne ressentiez plus rien ou serez fou de rage !
**2. Vous occuper de votre argent, ou de vos biens.** 1er décan, les Poissons prennent le relais le 19 février et donnent la priorité au matériel, un domaine qui est généralement négligé par le très cérébral Verseau. Vos besoins affectifs, sensuels, tactiles revendiqueront également leur place et il faudra être un peu plus démonstratif avec ceux que vous aimez – même si ce n'est pas dans vos habitudes. Écoutez votre corps, votre cœur, pas votre tête.

## CÔTÉ CŒUR

**Célibataire**, Vénus sera en Capricorne (2e, 3e décan) jusqu'au 16, une période où vous dissimulerez vos sentiments, soit parce que vous serez trop émotif et vous ne voudrez pas que cela se voie, soit parce qu'ils s'adresseront à quelqu'un qui n'est pas libre et dont vous souhaiteriez une présence plus constante. Après le 16, Vénus sera prise dans une sorte de tourmente un peu difficile à gérer pour le 1er décan, et surtout ceux du début du signe (20 au 25 janvier, voire plus). Vous pourriez éprouver une passion dévorante mais qui sera une impasse, un amour interdit.

**En couple**, avec Vénus en Capricorne, votre partenaire vous semblera distant/e ou c'est vous qui constaterez que vos sentiments ne sont plus aussi forts. Mais dites-vous que c'est passager et que c'est peut-être une réponse instinctive au fait que l'autre soit occupé ailleurs ! Puis, l'arrivée de Vénus en Verseau le 16, et les planètes qu'elle va croiser laissent penser à une crise assez sérieuse dans votre couple, ou pour l'un d'entre vous. Toutefois, selon votre thème, il pourra y avoir un côté réparateur dans cette conjoncture.

## À SURVEILLER

L'entrée de Mars en Verseau le 16, sa conjonction avec Pluton et avec Vénus se fera remarquer ! Une telle conjoncture, qui implique des planètes agressives dans un signe fixe, c'est rare ! En dehors de ce qui peut se passer de violent dans le monde, vous pouvez vous-même subir une certaine violence (ou la provoquer) notamment né entre le 20 et le 25 janvier. Surveillez une tendance qui est très fréquente chez le Verseau : votre impatience. Elle peut vous faire faire une grosse bêtise ! Mars sera moins dangereuse après le 24, aussi essayez de contrôler vos impulsions d'ici là.

## NOUVELLE LUNE DU 9 FÉVRIER

Ce sera votre nouvelle Lune et elle sera en mauvais termes avec le maître de votre signe, Uranus et avec votre 3e décan. Né précisément autour du 9, Uranus est pile en dissonance avec votre Soleil et avec la Lune. Heureusement, Mars ne sera pas de la partie... Mais il est clair qu'un changement ou une situation que vous ne maîtrisez pas et à laquelle vous ne vous attendiez pas s'est produit l'année dernière et elle revient au premier plan autour de cette Nouvelle Lune. N'attendez pas que « ça passe », réagissez en faisant des projets qui compenseront ce que vous perdez.

## PLEINE LUNE DU 24 FÉVRIER

Le Soleil sera en Poissons opposé à la Lune en Vierge. Ce sont des secteurs en rapport avec votre argent et avec votre productivité. La PL est surtout active sur votre 1er décan, qui a dû passer de mauvais moments au cours du mois et qui, grâce à cette pleine Lune pourra se reprendre en main, ou demander de l'aide (né entre le 20 et le 25 janvier). Né fin janvier, Vénus et Mars seront conjointes ce 24 février et il n'est pas exclu que vous soyez tombé amoureux ou que l'argent rentre.

# Mars

## UN MOIS POSITIF POUR :

**1. trouver des solutions.** Un problème d'argent peut vous préoccuper pendant quelques jours, mais comme vous avez la tête bien faite, vous trouverez rapidement de quoi renflouer vos caisses ou payer la facture que vous devez payer. Quitte à sacrifier vos économies… En outre, surveillez votre corps et surtout la façon dont vous le nourrissez : arrêtez de manger n'importe quoi, à n'importe quelle heure et de mélanger des plats trop gras avec ceux qui sont trop sucrés. Pas de dessert pendant quelque temps et vous retrouverez votre équilibre.
**2. Faire travailler vos neurones.** On sait que vous avez souvent un brillant cerveau, rapide et qui a plus d'un tour dans son sac ! Vous en aurez besoin parce qu'on vous demandera votre avis, des conseils, ou encore de démontrer à quel point vous êtes curieux, intéressé par tout, et ce sera à partir du 10 (Mercure en Bélier). On peut penser que lorsque le Soleil atteindra le Bélier (le 20), vous aurez trouvé des solutions ou la clé d'un mystère quelconque. Mercure, puis le Soleil étant alors en phase avec Pluton, votre inconscient vous sera très utile : écoutez vos petites voix intérieures.

## CÔTÉ CŒUR

**Célibataire**, Vénus est chez vous, comme le mois dernier, mais elle ne sera conjointe à votre soleil que si vous êtes né après le 5 février. En dissonance avec

Uranus le premier week-end du mois, il faudra supporter certaines tensions, voire des angoisses si vous êtes né autour du 9 février. Il est possible que vous ayez fait la connaissance de quelqu'un d'intéressant mais qu'il ou elle ne soit pas libre. Après le 11, Vénus sera en Poissons et accentuera votre tendance à rêver à l'amour plus qu'à le vivre. Mais c'est bon pour la santé, laissez votre imagination vous faire du bien !

**En couple**, avant le 11, Vénus et Uranus formeront une dissonance et si vous êtes né autour du 9 février, ce n'est pas formidable pour la stabilité de votre couple. Il y aura des disputes, des reproches, mais après tout c'est plutôt bien que ça sorte ! Dans un couple, il ne faut jamais garder ses griefs pour soi, mieux vaut les exprimer même si vous craignez que cela éloigne l'autre. Après le 11, avec Vénus en Poissons vous serez plus câlin, plus tendre, vous sentirez que vous avez plus besoin de l'autre. Soyez clair sur ce que vous attendez de lui/elle.

## À SURVEILLER

Soyez toujours attentif à la présence de Mars chez vous, en tout cas si vous êtes né après le 2 février. Jusqu'au 22 mars, la planète sera conjointe à votre Soleil et sa dissonance avec Uranus (autour des 7, 8, 9 mars) risque de vous donner envie de tout envoyer promener si vous êtes né vers le 9 février. Ce sera la conséquence logique de détails qui se seront accumulés parce que vous ne les aurez pas réglés au jour le jour, ou même que vous n'y aurez pas prêté attention, voire que vous les aurez mal interprétés. 2e décan, Saturne sera en relation avec vous tout le mois, vous devrez vous restreindre : argent, nourriture, plaisirs devront être sous contrôle.

## NOUVELLE LUNE DU 10 MARS

Elle se forme à 21h17, sur le 20e degré des Poissons (début du 3e décan). Elle est en harmonie avec Uranus, et ce sera probablement un moment intéressant, productif sur le plan de la création, où vos rêves seront en adéquation avec la réalité. Les questions d'argent seront également au premier plan pour beaucoup de Verseau et il sera souvent question de placer de l'argent ou de faire un achat conséquent. Ne négligez pas certains aspects de ce que vous désirez acheter, au besoin demandez conseil à un proche.

## PLEINE LUNE DU 25 MARS

Ce jour-là, le Soleil sera dans le 1er décan du Bélier et la Lune dans le 1er décan de la Balance. Cette PL est donc en harmonie avec votre 1er décan ainsi qu'avec Pluton. Aussi cette planète pourrait-elle jouer son rôle le plus positif, celui qui vise à réparer, à dédommager, à provoquer de la résilience. En tout cas si vous avez un problème à résoudre, si vous devez faire appel à votre mental, ce sera le bon moment car vous disposerez de tous vos moyens ! Mais il est possible aussi que vous ayez à réfléchir et à approfondir un sujet qui est délicat pour vous en ce moment.

# Avril

**UN MOIS POSITIF POUR :**

**1. Canaliser votre hyperactivité.** Le Soleil est chez l'ami Bélier depuis le 20 mars et en sortira le 19 avril. Cette conjoncture est une des plus dynamiques de l'année, elle influe sur votre secteur 3, celui qui gère les échanges, les déplacements, les démarches et autres rendez-vous. 2e et 3e décans, pendant quelques jours vous serez très occupés et certains auront même le cerveau en ébullition ! Mercure étant aussi en Bélier (mêmes décans, mais rétrograde) vous vous focaliserez sur un sujet précis jusqu'au 25. Probablement un choix à faire.

**2. Vous occuper de votre intérieur…** 1er décan, du 19 au 29, la famille (au sens large), la maison, le passé seront en vedette grâce au Soleil en Taureau. Sa dissonance avec Pluton (autour du 22) risque de créer un conflit avec un membre de la famille, un blocage intérieur (psychologique) ou encore de vous donner l'impression que vous revivez quelque chose que vous avez déjà vécu. Vrai ou faux, cela vaut de toute façon la peine d'y porter une attention particulière car cela a un sens.

**CÔTÉ CŒUR**

Célibataire, Vénus transitera elle aussi le Bélier à partir du 5 et jusqu'au 29 avril ; elle sera en phase avec chaque décan à son tour et formera un bon aspect avec Pluton

le 6. Vous vous sentirez peut-être plus à l'aise, plus libre de flirter ou de jouer avec quelqu'un qui vous plaît. Vous serez content de faire des rencontres, de nouer des contacts, des liens, mais vous n'aurez probablement pas pour but de vous engager, juste de prendre du bon temps en bonne compagnie.
En couple, 1er décan, Vénus et Pluton seront en phase autour du 6 et cela pourrait être une sorte de renouveau, un retour de flamme, la libido qui se fait plus exigeante ; à moins que votre cher et tendre ne se montre très « accro » et joueur. Pour les autres décans, d'une manière générale, vous vous entendrez bien, même si vos discussions sont parfois très animées et que vous n'avez pas toujours les mêmes idées. Et si vous avez besoin de tester votre pouvoir de séduction, restez discret.

## À SURVEILLER

Le 13, Jupiter atteindra le 3e décan du Taureau avant d'entrer en Gémeaux le mois prochain. Cela signifie que vous pourriez chercher un nouveau logement, plus spacieux, pour vous ou pour votre famille. Avec des chances de trouver ce que vous avez en tête, là où vous le désirez, d'ici la fin du mois. La famille peut également accueillir un nouveau membre (mariage, naissance), alors qu'un scénario datant de 2012 peut se répéter. Si Jupiter est négative, vous risquez d'avoir quelques soucis avec l'administration ou avec un parent mal embouché. Et certains peuvent avoir à déménager, ce qui est toujours stressant.

## NOUVELLE LUNE DU 8 AVRIL

Elle se forme à 19° du Bélier et met en valeur les qualités (et défauts) du Bélier que vous avez en vous. C'est-à-dire, par exemple, votre impatience, votre refus d'accepter le moindre délai… Cette Nouvelle Lune remet ces tendances au premier plan pendant quelques jours. Il peut aussi y avoir une querelle dans la famille… Par ailleurs, vous serez amené à voir ou revoir l'un de vos proches qui avait disparu de la circulation depuis quelque temps. Enfin, un ou une ex. peut soudain réapparaître.

## PLEINE LUNE DU 23 AVRIL

Le Soleil sera en Taureau et s'opposera à la Lune située dans le 1er décan du Scorpion. Les deux luminaires étant malheureusement en dissonance avec Pluton, il peut y avoir une crise dans le domaine professionnel pour ceux de janvier. Vous pouvez partir, quitter un job pour un autre, tout en regrettant énormément l'ancien, même si le nouveau est prometteur. Vous vous demanderez pendant quelque temps si vous faites le bon choix…

# Mai

## UN MOIS POSITIF POUR :

**1. Remercier Vénus !** La planète maîtresse du Taureau – signe du mois – occupera elle aussi le Taureau, elle sera même pendant une quinzaine en conjonction avec le Soleil. Jusqu'au 20, vous serez donc sous la douce emprise de Vénus, qui vous parlera d'amour ou d'argent. D'une manière ou d'une autre vous serez content, peut-être parce que vous aurez signé un partenariat ou fait une acquisition dont vous serez satisfait (sauf toute fin du signe, né après le 16). Vous pourriez aussi faire des travaux d'embellissement chez vous !
**2. Remercier Jupiter !** Votre planète de chance, celle qui gère vos projets, vos relations amicales et vos alliés professionnels, entrera en Gémeaux le 25, sera conjointe à Vénus, au Soleil et en harmonie avec Pluton. Quelle belle et positive conjoncture pour ceux de janvier ! Vous avez la Force, le pouvoir, et cela pourrait rendre les autres jaloux mais ils ne le seront pas, au contraire. Avec Jupiter, vous pourrez faire parler de vous en termes élogieux. Mais ne vous emballez pas, il arrive qu'elle donne beaucoup et reprenne aussi vite !

## CÔTÉ CŒUR

**Célibataire**, tout au long de ce mois géré par le Taureau, et ensuite par les Gémeaux (après le 19), Vénus sera conjointe au Soleil, ce qui sera très agréable sur le plan relationnel. Vous ferez des rencontres, amoureuses ou

professionnelles qui auront leur importance par la suite car elles auront un impact incontestable ; votre imagination s'emballera ! Il se peut cependant que vous renouiez avec quelqu'un, alors que vous aviez rompu et que vous pensiez que c'était terminé.
**En couple**, tant que Vénus sera en Taureau (jusqu'au 23), alors que Jupiter s'y trouve aussi jusqu'au 25, on peut penser que votre couple sera stable et qu'il n'y aura de remous que pour très peu de Verseau, seulement ceux nés autour des 12, 13 février (toujours Uranus qui crée des tensions entre vous et parfois des ruptures). Puis, le 1er décan vivra une fin de mois unique ! L'harmonie entre Vénus, le Soleil, Jupiter et Pluton correspondra à un événement particulièrement heureux, quelque chose que vous fêterez.

## À SURVEILLER

On ne peut pas dire que vous aurez de fortes dissonances à affronter ce mois-ci, juste les petits tracas du quotidien. Cependant, quelques natifs du 3e décan devront se méfier le week-end du 18 : il y aura une rencontre entre le Soleil, Jupiter et votre maître, Uranus, et les trois seront en dissonance avec vous si vous êtes né autour des 16, 17, 18 février, c'est-à-dire en fin de signe. L'instabilité uranienne, liée à un sentiment de contrainte ou de rejet frappera une fois encore et ce sera très accentué par Jupiter. Pour vous, la situation (injuste selon vous) prendra une ampleur à laquelle vous ne vous attendiez peut-être pas.

## NOUVELLE LUNE DU 8 MAI

**Elle se fait sur le 18e degré du Taureau** et ne sera pas loin de la fameuse conjonction avec Uranus, puis avec Jupiter dont je viens de vous parler, tout cela dans votre secteur intime qui est en opposition frontale avec votre secteur socioprofessionnel. Celui-ci gère les événements et les personnages importants de votre vie ainsi que vos objectifs de carrière. La Nouvelle Lune vous invite à examiner le passé à la lumière du présent, ce qui pourrait aider ceux de la fin du signe à mieux intégrer ce qu'il se passe.

## PLEINE LUNE DU 23 MAI

**Elle oppose le Soleil en Gémeaux à la Lune en Sagittaire**, les deux luminaires étant en harmonie avec Pluton et avec vous, 1er décan. Une très belle conjoncture, je le répète, pour ceux du début du signe (nés avant le 26, a priori) et qui peut correspondre à un choix très positif, mais qui implique que vous quittiez quelqu'un, ou une entreprise où vous étiez depuis longtemps.

# Juin

## UN MOIS POSITIF POUR :

**1.Votre ego, votre amour-propre, votre estime de soi.** Le Soleil des Gémeaux brille de mille feux qui vous font scintiller de tous côtés. Vous vous sentirez regardé, parfois admiré, ou c'est vous qui admirerez quelqu'un, ne sachant pas très bien différencier ce que vous ressentez. Les loisirs, les plaisirs seront souvent au premier plan et il y aura comme un parfum de vacances pour certains d'entre vous. 2e et 3e décans, vous êtes les plus concernés, le début du mois étant vraiment top pour ceux nés fin janvier, début février.

**2.Utiliser tous les attributs de Mercure.** C'est le maître des Gémeaux, la planète va traverser son signe à fond la caisse entre le 3 et le 17 juin : elle sera donc en harmonie une demi-journée pour chacun et vous ressentirez ses influx le jour où vous aurez un rendez-vous où vous brillerez par votre humour, votre rapidité d'esprit et votre adaptabilité à la situation. Quoi qu'on vous demande, vous saurez faire ! Les 3, 4 et 5 juin seront particulièrement positifs pour faire accepter votre point de vue, discuter ou négocier (1er décan).

## CÔTÉ CŒUR

**Célibataire**, Vénus sera dans votre signe (2e et 3e décans) jusqu'au 17, et sera conjointe au Soleil, mais en dissonance avec Saturne autour du 6. Si vous êtes né vers les 8, 9 février, vous risquez de vous faire du souci pour votre argent, à moins que vous n'ayez une grosse somme à sortir. Par ailleurs, quelqu'un sur qui vous fondiez des espoirs peut vous décevoir. À moins que vous ne perdiez un/e ami/e. Le 3e décan n'aura pas de souci, tout ira bien mais vous devrez veiller à ne pas trop idéaliser certains flirts, ils n'en vaudront pas la peine. Après le 17, vous serez confronté à des personnes un peu trop immatures à votre goût.

**En couple**, même configuration, même résultat : si vous êtes né vers les 8, 9 février, ça n'ira pas fort, vous vous sentirez seul ou mal aimé (vers le 6). Mais le reste du temps, l'ambiance sera plutôt à la gaieté, vous n'aurez qu'une envie c'est de varier vos plaisirs, de trouver chaque jour de quoi stimuler à la fois vos sentiments et votre libido. Après le 17, né entre le 20 janvier et le 5 février, avec Vénus en Cancer vous n'aurez que des critiques à faire à votre chéri/e. Essayez de relativiser parce qu'en fait tout vous énervera, et pas seulement lui/elle !

## À SURVEILLER

**La dissonance entre Mars et Pluton, entre le 7 et le 14.** Mars sera en Taureau et c'est donc votre 1er décan qui sera sensible à une situation d'impasse concernant votre domicile, des travaux, ou encore un membre de votre famille qui ne va pas bien. Vous aurez envie de faire quelque chose pour lui/elle, mais vous ne saurez pas quoi et l'autre ne vous aidera pas. Il est même possible qu'il/elle refuse votre aide, ce qui peut être blessant pour vous. Heureusement, Jupiter veille et vous protège de toute disgrâce ; toutefois, cela dépend de ses aspects dans votre thème natal.

## NOUVELLE LUNE DU 6

La rencontre du Soleil et de la Lune a lieu dans le 2e décan des Gémeaux, en regard de votre 2e décan. Ce serait une semaine très amusante et flatteuse pour vous si cette Nouvelle Lune n'était pas en dissonance avec Saturne. Il se peut que l'ambiance générale soit un peu « triste » (mauvaise météo), ou que vos amours ne soient pas à la hauteur de vos attentes. Avec Saturne, il y a toujours un certain refroidissement dans les sentiments. Il peut également y avoir un renoncement, une perte financière...

## PLEINE LUNE DU 22

Le Soleil vient d'entrer en Cancer et s'oppose à la Lune qui vient d'entrer en Capricorne. Cette PL oppose des secteurs qui parlent de travail, de contraintes, mais de celles dont vous vous empresserez de vous débarrasser car vous aurez besoin de faire des pauses, de vous relaxer, tant vous serez sur les nerfs quand le Soleil entrera en Cancer (le 20). Il se peut que la dissonance de Mars ait mis votre patience à rude épreuve. Aussi, n'hésitez pas à faire de la relaxation, de la méditation, tout ce qui peut vous rendre plus zen.

# Juillet

## UN MOIS POSITIF POUR :

**1. Prendre soin de vous.** Il ne s'agit pas de vous auto-observer en permanence, mais d'être attentif aux messages que votre corps vous envoie. Le Soleil occupe le Cancer, un secteur de votre zodiaque dédié à la forme, à la santé et à votre hygiène de vie. Cela doit donc être votre priorité et si vous partez en vacances, pensez à bien vous nourrir et à faire de l'exercice si vous avez exagéré sur la boisson ou les gourmandises. Mais le Cancer étant aussi en charge de votre travail, il est possible que vous bossiez un peu, même si vous êtes en vacances. Mais cela ne vous dérangera pas trop.

**2. Vous mettre en valeur.** On a vu le mois dernier que Jupiter illuminait le 1^er^ décan ; ce mois-ci c'est au tour du 2^e^ décan de recevoir ses bons influx. Sachez vous mettre en avant et saisir vos chances, mais sans vous croire au-dessus des autres. À moins que vous ne le soyez vraiment parce que vous aurez obtenu un succès qui aura braqué les projecteurs sur vous. Mais même dans ce cas, évitez de vous prendre la grosse tête. Pour certains, l'arrivée d'un enfant peut être à prévoir.

## CÔTÉ CŒUR

Célibataire, Vénus terminera sa course en Cancer le 11 et c'est à cette date qu'elle entrera en Lion, tout en s'opposant à Pluton. Tant qu'elle sera en Cancer, vous apprécierez ceux que vous connaissez déjà, voire les personnes que vous avez fréquentées dans le passé, lorsque vous travailliez ailleurs. Ce sera comme de revoir quelqu'un de la famille (né après le 5 février). Autour du 11, 1er décan, Vénus et Pluton vont vous tourmenter et vous faire douter de votre pouvoir de séduction pendant deux ou trois jours. Cela dit, une passion peut aussi vous remuer profondément.

En couple, avant le 11, vos bonnes vieilles habitudes vous rapprocheront. En revanche, autour des 11, 12 juillet, vous serez perturbé si vous êtes du 1er décan (et encore, pas tous). Vos sentiments vous sembleront être aux abonnés absents, à moins que ça ne soit votre partenaire qui vous semble totalement indifférent/e. Il y a peut-être eu quelque chose de destructeur dans votre relation. Pour les autres Lion, il n'y a pas de souci, Vénus tiendra ses promesses d'accord et de bonne ambiance jusqu'à la fin du mois. Un mariage entre le 17 et le 22 ?

## À SURVEILLER

Né après le 4 février, chacun à votre tour, vous recevrez une dissonance de Mars en Taureau, jusqu'au 20 juillet. La période risque d'être un peu remuante, soit parce qu'il y aura un déménagement à la clé, voire des travaux chez vous soit parce qu'il se passera quelque chose au sein de la famille. Rien de très grave, mais avec Mars il y a toujours des efforts à faire, un combat à mener, ou il faut s'investir à fond dans un travail. Peut-être aussi que vous aurez plusieurs petits obstacles agaçants : 2e décan jusqu'au 6 et 3e décan du 6 au 20, avec un temps fort la semaine du 15. Il pourrait y avoir une remise en question.

## NOUVELLE LUNE DU 5 JUILLET

La nouvelle Lune du Cancer se formera dans le 2e décan du signe et elle valorisera donc votre secteur 6 de la forme, de la santé et de vos occupations. Peut-être qu'autour de cette date vous aurez un examen à faire, un médecin à consulter... Mais peut-être aussi que, comme je vous l'ai indiqué plus hauts, vous prendrez davantage soin de vous-même. Par ailleurs, pour certains, cela peut être le commencement d'un nouveau boulot, peut-être un job d'été ?

## PLEINE LUNE DU 21 JUILLET

Elle a lieu quelques jours avant l'ouverture des JO de Paris ! La Lune sera à la fin du Capricorne et Soleil à la fin du Cancer, la Lune étant conjointe à Pluton. Ce n'est pas de très bon augure pour l'ouverture des Jeux, ni pour ceux du 1er décan de votre signe qui reçoivent l'opposition de Pluton. Un problème concernant une stratégie professionnelle sera à résoudre ou tout du moins à analyser de près, et d'une manière générale ce sont probablement les questions de sécurité qui feront la Une.

# Août

**UN MOIS POSITIF POUR :**

**1. Faire de nouvelles connaissances !** Les JO de Paris battent leur plein. Si vous ne vous intéressez pas au sport, en tout cas vous vous intéresserez aux autres et inversement ! Votre personnalité plaira, attirera les autres et vous vous trouverez souvent au milieu de groupes, ou invité à des soirées, et vous vous ferez de nouvelles relations. De plus, Mars étant en Gémeaux, vous vous amuserez beaucoup ! Alors ce sont peut-être les JO qui vous passionneront, mais de toute manière le contexte dans lequel vous serez sera festif, surtout la semaine du 5 et jusqu'à la fin des JO.
**2. Ne pas vous réjouir trop tôt.** En effet, Jupiter et Saturne seront de nouveau en mauvais termes et l'aspect sera exact du 17 au 23, étant entendu qu'il est plus actif « avant » d'être exact... Et la joie, la fête, les réjouissances représentées par Jupiter seront en quelque sorte éteintes ou restreintes par Saturne et ses maléfices. Cela ne devrait pas vous toucher de près, sauf si vous avez prévu de prendre vos vacances ce mois-ci : la météo pourrait ne pas être clémente, par exemple. Ou quelqu'un dont vous espériez la présence ne sera pas là.

**CÔTÉ CŒUR**

**Célibataire**, la planète du cœur passe la plus grande partie du mois chez votre voisin Vierge (du 4 au 29). 1er décan, Vénus et Mercure seront conjointes du 4 au 12 et

votre façon d'aimer ou de vous faire aimer sera plus cérébrale que physique. Vous vous servirez de votre humour, de votre sens de l'observation un peu critique mais drôle, et ça plaira. 2e décan (du 12 au 21), ce sera moins facile pour vous à cause de l'opposition de Saturne. Il n'y aura pas grand monde pour vous plaire, vous imaginerez les défauts des autres avant de voir leurs qualités. 3e décan (après le 21), le bon aspect entre Vénus et Uranus est propice aux rencontres et à des expériences nouvelles.
**En couple :** 1er décan, il peut y avoir un retour de flamme, plus physique que sentimental, mais c'est justement ce qui vous plaira, ce sera votre manière de montrer à l'autre que vous l'aimez. 2e décan, vous passerez votre temps à analyser ce que vous ressentez et à supposer ce que l'autre ressent. Vous serez trop dans le cérébral. 3e décan, vous ferez quelque chose de spécial, il y aura du nouveau, et ça ne sera pas pour vous déplaire. Vous chercherez à mettre un petit grain de folie dans vos vacances (si vous y êtes).

## À SURVEILLER

Né en fin de signe, après le 13 février, il risque d'y avoir des tensions autour des 18, 19 août. Nous avons déjà évoqué les changements qui sont en cours, dans le domaine professionnel et/ou familial. Vous êtes dans un processus qui vous oblige à tourner une page, à passer un cap, à vous détacher de quelque chose ou de quelqu'un. Ce processus progresse par étapes et il y en aura une aux dates citées. Cela viendra de l'extérieur, d'une décision prise au-dessus de votre tête, par la direction de l'entreprise qui vous emploie et qui est en train de changer de cap. Et si vous êtes indépendant, c'est votre activité qui est en train de changer, d'évoluer différemment.

## NOUVELLE LUNE DU 4 AOÛT

Le Soleil et la Lune se rejoignent sur le 12ème degré du Lion, face à vous si vous êtes né début février, mais elle est valable pour les trois décans. Elle est en harmonie avec Jupiter et donc très joyeuse, festive et conviviale. Une ambiance de vacances, de détente, même pour ceux qui sont au boulot. Elle n'est pas loin non plus d'être en phase avec Mars et vous aurez certainement de nombreuses activités, récréatives ou sportives. Il faut juste, si vous avez des enfants, vous montrer ferme mais pas trop autoritaire.

## PLEINE LUNE DU 19 AOÛT

La pleine Lune du 19 août opposera le 3$^{e}$ décan du Lion au 3$^{e}$ décan de votre signe qui est en plein changement (ou révolte, ou détachement) avec la dissonance d'Uranus ! Peut-être allez-vous démarrer une nouvelle carrière ? Ou que vous devez vous détacher d'une boîte où vous avez longtemps travaillé pour vous lancer dans une nouvelle aventure, en solo peut-être... Ce qui n'est pas sans vous perturber intérieurement. Et de toute façon, comme je vous l'ai dit, c'est un processus qui prend du temps (né après le 13).

# Septembre

**UN MOIS POSITIF POUR :**

**1. Ne pas faire confiance à tout le monde…** Doutez, s'il vous plaît, ne croyez pas tout ce qu'on vous dit, l'esprit critique de la Vierge est à votre disposition, 2e et 3e décan, justement pour ne pas vous tromper sur ceux que vous rencontrez et sur le sens des situations. Mais il faudrait aussi vous critiquer vous-même et ne pas croire aux productions de votre imagination, à vos fantasmes, surtout entre le 9 et le 26 : plus vous analyserez les choses et resterez terre à terre, mieux ce sera.
**2. Être à fond dans le boulot.** Mars entre le 4 dans votre secteur du travail et de la vie quotidienne. Il gère votre organisation, vos horaires, les habitudes qui sont les vôtres. Et avec Mars, il peut y avoir des remous, du mécontentement parce que vous serez pressé, impatient de faire ce que vous avez à faire, alors que les autres ne seront pas du tout sur le même tempo que vous. Vous vous énerverez beaucoup à cause de vos collègues ou clients : 1er et 2e décans, trois ou quatre jours chacun.

**CÔTÉ CŒUR :**

**Célibataire**, vos sentiments et la façon dont vous les exprimez seront au premier plan avec Vénus en Balance… Il se pourrait que tous ceux/celles que vous allez croiser vous plaisent et que vous ayez du mal à faire votre choix. Certains se diront qu'il faut essayer avant de s'en servir et vivront des petites aventures sans

lendemain. D'autres, plus farouches, préféreront ne pas être tentés et prendront le large. Cependant, le week-end du 14 pourrait être à marquer d'une pierre blanche.
**En couple**, avec Vénus en Balance, l'harmonie devrait régner dans votre couple. Douceur, gentillesse, sensualité seront au rendez-vous lorsque Vénus vous regardera et surtout lorsqu'elle sera en relation avec Jupiter, du 18 au 23 septembre. Vous serez totalement en confiance, et vos centres d'intérêt vous rapprocheront. Les corps communiqueront autant que les âmes, vous serez exalté par ce que vous ressentirez, surtout si vous êtes né autour des 9, 10 février.

## À SURVEILLER

Mars en Cancer est aussi en rapport avec votre forme, votre santé (1er décan du 4 au 22, 2e décan du 22 au 11 octobre). Il y aura peut-être des examens de routine à faire, ou une visite chez le médecin. Éventuellement on pourrait vous donner un traitement, que vous ne supporterez pas bien. On peut se demander, le Cancer étant le signe de l'imagination, si vous ne somatiserez pas. Ce qui ne veut pas dire que vous vous inventez quelque chose, mais que quelque chose s'est passé, que vous n'avez pas intégré mentalement et qui s'est déplacé dans le corps. Avez-vous eu un stress récemment ? Dans tous les cas de figure, consultez.

## NOUVELLE LUNE DU 3 SEPTEMBRE

Dans le 2e décan de la Vierge, en regard de votre 2e décan, la nouvelle Lune est opposée à Saturne et se révèle un peu frustrante dans la mesure où vous vous empêchez de dépenser alors que vous en auriez envie.

Cependant, c'est votre secteur 8, celui de l'argent que vous pouvez toucher suite à une vente, à un remboursement ou même à un petit héritage…

## PLEINE LUNE DU 18 SEPTEMBRE

Ce jour-là, le Soleil et la Lune s'opposeront, l'un dans le 3$^{e}$ décan des Poissons, l'autre dans le 3$^{e}$ décan de la Vierge. Le problème étant que Neptune est en relation avec cette PL et que vous aurez du mal à faire un choix, que ce soit financièrement ou sur le plan amoureux. En fait vous n'y verrez pas très clair, alors que cette pleine Lune vous demande justement de savoir ce que vous voulez. Écoutez votre cœur !

# Octobre

**UN MOIS POSITIF POUR :**

**1. Faire confiance !** Contrairement au mois dernier, les planètes en Balance évoluent dans le secteur 9 de la confiance en soi, de la force intérieure et du profit. Il se peut que la chance soit de votre côté, parfois dans des petites choses, mais sous l'effet du secteur 9, ces petites choses peuvent devenir grandes car elles sont amenées à se développer. Tout ce que vous penserez mettre en route peut aboutir de manière positive le mois prochain, de la même manière que certaines relations – personnelles et professionnelles – peuvent aussi prendre plus de place.
**2. Ne pas trop vous soucier de votre image.** 3e décan, Jupiter rétrograde à partir du 9 et cela peut vous permettre de vous libérer de ce que l'entretien de votre image vous impose. Que vous soyez femme ou homme, l'image est importante pour le Verseau et depuis quelque temps, Jupiter la valorise beaucoup. Mais sa rétrogradation vous demande de lâcher prise – pour le moment – et de réfléchir à la meilleure manière d'optimiser ce qui s'est passé de bien récemment, et qui est en lien avec votre image. Toutefois, cela peut aussi concerner vos enfants, vos créations, qui devront être peut-être plus au centre de vos préoccupations pendant la rétrogradation de Jupiter.

## CÔTÉ CŒUR

**Célibataire**, avec Vénus en Scorpion jusqu'au 17, soit vos amours seront sous contrôle parce que vous aurez d'autres choses plus importantes à gérer. Vous aurez un but à atteindre, par exemple, quelque chose à négocier : un contrat, une entente... Mais vous pouvez aussi donner de l'importance à votre relation avec un parent avec lequel vous n'avez pas toujours de bonnes relations. Après le 17, vous aurez de nouveau envie de faire des rencontres et de mettre plus de piment dans votre vie (1er décan, et 2e, né avant le 6 février).
**En couple**, jusqu'au 17, 2e et 3e décans, même chose que pour les célibataires mais peut-être plus pour votre conjoint que pour vous ! Un succès pour lui/elle, un contrat, un engagement... Conséquence, vous serez content pour lui/elle et vous vous ferez passer au second plan. Mais cela ne veut pas dire que vous n'aurez pas de sentiments : ils seront là, mais vous ne les montrerez pas trop ! Après le 17, avec Vénus en Sagittaire, ce sera le moment de faire des projets ou, parfois, de prendre quelques vacances.

## À SURVEILLER

Le passage de Mercure en Scorpion. Ce sera entre le 13 octobre et le 2 novembre. 1er décan du 13 au 20, 2e du 20 au 26, 3e du 26 au 2 novembre. La planète des échanges sera dans votre secteur 10 (le même que le Soleil) et viendra appuyer votre désir d'avoir du succès dans ce que vous faites. Mais peut-être que vous ne pourrez pas atteindre votre but tout seul et qu'il faudra accepter l'aide de quelqu'un, d'un collègue. Cependant, vous sentirez que cette personne vous envie, qu'il ou elle est jaloux/se et cela ne créera pas une bonne ambiance. Heureusement, ce sera très rapide.

## NOUVELLE LUNE DU 2

C'est la nouvelle Lune de la Balance, elle se forme au début du 2e décan, en dissonance à venir avec Mars. C'est donc une période stimulante et qui vous incitera à vous surpasser pour prouver que « vous le valez bien » ! Vous saurez vous arranger pour gagner la confiance de quelqu'un d'important, ou pour montrer que vos « talents » ne sont pas surestimés et que vous êtes en quelque sorte un expert dans ce que vous faites.

## PLEINE LUNE DU 17

Elle opposera le 3e décan de la Balance au 3e décan du Bélier. Les deux luminaires seront en phase avec Jupiter et même si la planète est rétrograde, cela annonce des progressions très positives, une fois que vous aurez bien réfléchi à la direction que vous devez prendre. Et si vous n'arrivez pas à vous décider, demandez conseil à un/e ami/e, ou même à l'élu/e de votre cœur représenté/e par Jupiter. Votre chéri/e sera de très bon conseil.

# Novembre

## UN MOIS POSITIF POUR :

**1. Vous créer des objectifs et les atteindre.** Il n'est pas question d'objectifs de vie, mais de ces petits défis du quotidien qui en font le piment. Que ce soit dans le travail, ou dans votre vie personnelle, les choses sont toujours perfectibles et si vous vous êtes un peu laissé aller ces derniers temps, c'est la bonne période pour réfléchir à ce que vous pouvez faire pour retisser des liens, les consolider, ou encore réparer des liens qui étaient cassés. Vos objectifs doivent être positifs, mais pas irréalistes.
**2. Gérer un rapport de force ?** C'est vrai, vous pouvez très bien être en conflit avec un/e partenaire, un associé ou un collègue (1er décan), et c'est quelque chose qui risque de s'éterniser et de s'avérer assez négatif si vous êtes du tout début du signe (Mars en dissonance avec Pluton). Toutefois, cela peut aussi concerner l'autre, votre conjoint ou l'un de vos proches, qui serait en bisbille lui/elle-même avec quelqu'un et d'une certaine manière, cela rejaillirait sur vous.

## CÔTÉ CŒUR

**Célibataire**, Vénus est en bonne position jusqu'au 11 (né après le 6 février) et valorise vos relations amicales. Elles sont déjà importantes dans la vie de tout Verseau qui se respecte, mais avec Vénus dans ce secteur elles le seront encore plus. Et vous pourriez même avoir envie de transgresser, de passer de l'amitié à une relation plus sensuelle... Après le 11, Vénus en Capricorne ne sera pas très propice à l'expression de vos sentiments. On vous trouvera froid et distant, mais c'est peut-être parce que vous préférerez être seul que mal accompagné/e.

**En couple**, jusqu'au 11 (3e décan surtout), vous exprimerez facilement vos sentiments et si votre couple passe par des hauts et des bas à cause de la dissonance d'Uranus, vous pourrez peut-être vous projeter dans un avenir où la situation pourra s'améliorer. Peut-être que vous aurez une idée de ce qu'il faut faire pour que ça aille mieux. Mais après le 11, Vénus étant en Capricorne, vous ne serez pas très accessible (1er décan jusqu'au 20, 2e du 20 au 29). Mais peut-être que vous vous ferez du souci pour quelqu'un...

## À SURVEILLER

Mars, le petit maléfique, transite le Lion face à votre 1er décan et le problème c'est que la planète va stationner deux mois à cet endroit du zodiaque, c'est-à-dire tout novembre et tout décembre. Et comme la période actuelle est Scorpion, Mars a plus de puissance que lorsque le Sagittaire régnera (après le 221/11). De plus, elle rétrogradera le 6 décembre. C'est donc ce mois de novembre le plus délicat par rapport au problème dont nous avons parlé plus haut : soit un conflit avec un tiers, ou à cause d'un tiers, soit un problème pour votre conjoint ou un proche et qui rejaillit sur vous.

## NOUVELLE LUNE DU 1ER NOVEMBRE

**Le 1er du mois, il y a une nouvelle Lune en Scorpion,** à la fin du 1er décan, et elle est sans aspect. Vous ne serez donc pas gêné pour vous fixer des objectifs et vous vous mobiliserez pour les atteindre. Les natifs de fin janvier seront les plus sensibles à cette lunaison qui peut aussi représenter un succès, un but que vous atteignez, ce qui vous fait briller et donc attire l'attention sur vous ou sur ce que vous faites.

## PLEINE LUNE DU 15 NOVEMBRE

Cette pleine Lune se tient entre le 3e décan du Scorpion et le 3e décan du Taureau, tout en formant une dissonance presque exacte avec Uranus. Né après le 12 février, c'est vous qui en serez le plus déstabilisé, mais ça ne sera pas quelque chose de nouveau. C'est une situation qui date d'un an à peu près et qui est actualisée par la pleine Lune, peut-être parce que vous avez un choix à faire, ou parce qu'on vous impose une décision.

# Décembre

**UN MOIS POSITIF POUR :**

**1. Donner la priorité à vos amitiés et à vos projets.** Même si Mars s'oppose encore à vous, le Sagittaire règne et vous ne vous laisserez pas atteindre, ou moins, par les problèmes des autres. Et si vous avez un conflit à gérer, il se trouve que l'un de vos amis sera là pour vous aider à régler le problème. Même s'il est de nature juridique, légale, vous aurez quelqu'un de bon conseil près de vous. Cela vous libérera et vous permettra de reprendre le fil de votre vie et de poursuivre vos objectifs.
**2. Accepter qu'il puisse y avoir un ralentissement !** Vous êtes peut-être pressé de réaliser quelque chose, comme les bons influx de Jupiter peuvent le laisser supposer, sauf que la planète est en dissonance avec Saturne et que cela va probablement prendre plus de temps que vous ne le pensez (2e décan en particulier). Certains n'en auront aucun écho, parce que leur thème sera bien disposé, mais il semble quand même que tout le monde pourra plus ou moins sentir cette dissonance.

**CÔTÉ CŒUR**

**Célibataire**, Vénus entrera dans votre signe le 7 et sera tout de suite opposée à Mars en Lion. Entre le 10 et le 16, 1er décan, vous pourriez être en colère contre quelqu'un que vous pensiez bien intentionné à votre égard, mais qui, peut-être, vous aura fait un sale coup. Toutefois, vous pouvez aussi décider de rompre une relation amicale en raison du caractère de la personne. Pour les autres : acceptez les sorties et invitations, quelqu'un pourrait vous plaire, surtout la semaine du 16. 3e décan, la semaine du 23 risque d'être un peu tendue. **En couple**, cette opposition entre Vénus et Mars peut avoir une influence sur votre couple, ou sur une relation amicale ! Pour beaucoup d'entre vous (1er décan), il s'agira d'une dispute qui dure depuis le mois dernier et qui devrait s'apaiser. Mais elle n'est pas terminée, il en sera de nouveau question en 2025. Autres décans, la semaine du 16 est très favorable à un rapprochement, et même à un retour de flamme, mais la semaine de Noël ne sera pas top pour le 3e décan qui peut se sentir mis à l'écart, surtout né autour des 12, 13, 14 février.

## À SURVEILLER

C'est toujours Mars qui crée une situation compliquée, peut-être pas pour vous directement, si vous êtes du 1er décan. Vous avez éventuellement un choix difficile à faire et vous ne parvenez pas à vous décider. Toutefois, Mars est rétrograde donc cette situation n'est plus si active, ensuite il est possible que vous cherchiez à convaincre la personne concernée de faire des concessions. En tout cas, vous essayerez. Toujours pour le 1er décan, mais pour le tout début, la rencontre de Vénus et de Pluton n'est pas toujours positive dans la mesure où la planète peut avoir un côté destructeur. Mais elle peut aussi représenter le retour d'un sentiment que vous avez enfoui : l'amour. À moins que vous ne viviez une forme d'amour que vous n'avez jamais expérimentée.

## NOUVELLE LUNE DU 1ER DÉCEMBRE

**Elle se forme à la fin du 1er décan du Sagittaire.** Elle est sous l'autorité de Jupiter qui est en bon aspect avec vous, mais rétrograde. Il semble que vous avez un projet déjà bien avancé, mais que pour des raisons qui sont indépendantes de votre volonté, les choses stagnent. Soyez patient, n'insistez pas, cela se décoincera début 2025. Par ailleurs, 2024 étant une année qui compte 13 nouvelles Lunes, il y en aura une autre le 30, au début du 2e décan Capricorne. Une nouvelle Lune en secteur 12, qui est celui de la distance, du recul que vous devez prendre en cette fin d'année dans le but de vous reposer. Il faudrait même pouvoir débrancher…

## PLEINE LUNE DU 15 DÉCEMBRE

**Elle a lieu dans le 3e décan du Sagittaire pour le Soleil et le 3e décan des Gémeaux pour la Lune.** Les deux étant en harmonie avec votre 3e décan. Une agréable et très amicale PL qui semble très chaleureuse et qui est remplie de promesses, en dépit de la dissonance d'Uranus. Essayez de regarder l'avenir avec optimisme, surtout si vous êtes de ceux qui tournent une page. Une nouvelle vie vous attend. 2025 sera l'année de l'indépendance !

# Partie II

# Votre signe astrologique

# Vous, le Verseau

Vous êtes un signe d'Air, chaud et humide, fixe (de milieu de saison), masculin et positif. Le Soleil traverse votre signe entre les 20-21 janvier et les 19-20 février, selon les années. Deux personnalités peuvent coexister en vous. L'une se sent relativement isolée et tend vers la sagesse, le dépouillement et le détachement ; l'autre est foncièrement originale, aventurière, excentrique et provocatrice. Ces deux tendances peuvent exister isolément, se succéder ou se juxtaposer. Mais vous êtes toujours impliqué, de quelque manière que ce soit, dans le social ou la communication. Une forte tension est également commune aux deux types, de même que le sens de l'anticipation, l'individualisme et le besoin de liberté. Altruiste, vous avez un idéal élevé et vous vous sentez souvent investi d'une mission vis-à-vis des autres, quitte à vouloir leur bien malgré eux... Mais vous avez un sens de l'amitié tout à fait unique. On vous reproche d'être utopiste, impatient, imprévisible, de ne pas supporter l'ombre d'une contrainte, sauf si vous vous l'êtes vous-même imposée – et encore ! Vous êtes légèrement hypocondriaque. D'ailleurs, beaucoup de choses peuvent devenir source d'inquiétude, car vous vous révélez hypertendu et nerveux. Vous avez bien

entendu intérêt à faire du sport, qu'il soit physique ou cérébral.
**En tant que Verseau, portez une attention particulière à la position et aux aspects d'Uranus, puis de Saturne dans votre thème.**

## > À L'ORIGINE

Quand on s'intéresse à l'astrologie, on ne peut ignorer qu'elle fonctionne par analogies et qu'elle doit beaucoup à la mythologie. D'après Joëlle de Gravelaine, le mythe du Verseau est lié à celui d'Ouranos (le ciel étoilé), fils incestueux qui fera de nombreux enfants avec sa mère Gaïa (entre autres les Titans, les Cyclopes et les Hécatonchires). (Joëlle de Gravelaine, *Dieux et héros du zodiaque*, Robert Laffont, 1996.) Mais Ouranos, qui se montrera très indifférent vis-à-vis de sa progéniture, n'hésitera pas à jeter ses fils à la poubelle du Tartare. Gaïa, furieuse de l'attitude d'Ouranos, demandera à Cronos de mettre fin une bonne fois pour toutes à cette procréation débridée. C'est ainsi qu'Ouranos va se retrouver castré ! À l'image de ce mythe, le Verseau est capable d'engendrer ou de créer le meilleur comme le pire. Il est aussi marqué, sur le plan psychologique, par la problématique de la castration.

## > VOTRE PROFIL PSYCHOLOGIQUE

Chaque signe a sa façon bien à lui d'exister et représente un champ d'expérience particulier. Si vous êtes Verseau, c'est parce que le Soleil traversait le Verseau au moment où vous avez vu le jour. Ce qui ne signifie pas que votre personnalité dans son ensemble en soit marquée. Les autres planètes occupent d'autres signes, qui représentent d'autres champs d'expérience, lesquels vont servir votre nature Verseau. Le Soleil est ce vers quoi nous tendons, ce que nous nous proposons de réaliser, notre idéal. En Verseau, il représente tout d'abord la transgression des limites, celles du temps, et donc celles de la mort. (Philippe Granger, *Astrologie psychanalytique, Séminaire 1*, Éd. du Rocher, 1996.) Le but vers lequel tend un pur Verseau est de célébrer la vie, et son paradoxe est qu'il n'y accède jamais. Il en parle par intuition, la promet aux autres, mais il ne l'expérimente pas : il se situe entre terre et ciel, divin et humain, sans jamais être bien là où il est. « Moïse en est la plus belle figure, qui conduit le peuple hébreu à la Terre promise, mais n'y entre pas, tout en sachant que c'est là qu'il faut aller. » (Ibid.) Dans la réalité, en effet, le Verseau occupe rarement le présent. Il est projeté dans l'avenir à travers mille idées, mille projets, l'anticipe dans sa pratique ou quand il se dit « ça ira mieux demain ». Il sait également très bien faire du neuf avec de l'ancien, revisiter le passé pour mieux l'intégrer à son projet de vie. Mais il est évident qu'il est mal à l'aise dans le présent, qui n'existe pas à ses yeux. Dans le mouvement de balancier qu'est le temps, si l'on prend le pendule pour modèle, le Verseau n'est pas un des points parcourus par le balancier, il est le balancier. Mais après quoi court le Verseau ? Son « retour vers le futur » peut bien sûr être interprété comme une fuite, le présent lui paraissant condamné, « mort ». Mais cette quête est aussi une recherche de sens, le sens de la vie, de ses origines, de sa finalité. Aussi le natif du Verseau est-il un chercheur dans l'âme, de ceux qui se spécialisent, même quand ces spécialités n'ont pas d'utilité pratique ou quand elles font sourire les autres, tant elles sont « bizarres ». Au-delà des apparences et de l'objet, il y a avant tout cette recherche et une forme de foi. Car pour dire que le futur et peut-être l'éternité existent, il faut croire, être irrigué par les eaux de la foi. « Tant que le Verseau ne sentira pas la foi couler en lui, comme Ganymède versait l'ambroisie, le breuvage de l'immortalité, aux dieux, il lui manquera une dimension et sa vie sera incomplète. » (Gisèle Borie et Géraldine Jouin, *L'Astrologie : l'interprétation des signes par les mythes*, Éd. du Rocher, coll. « L'homme et l'univers », 1990.) Et tant qu'il cherchera le secret de la vie à l'extérieur, alors qu'il se trouve en lui, il se perdra.

## > VOTRE VIE PROFESSIONNELLE

Vous ne pouvez vous réaliser qu'à deux conditions : que votre travail vous plaise, et que vous n'ayez pas de comptes à rendre ! En effet, vos rapports avec l'autorité ne sont pas des plus harmonieux et vous êtes le premier à stigmatiser le comportement dictatorial de certains patrons ! Il faut également de la nouveauté dans votre activité professionnelle, que vous n'ayez pas l'impression de sombrer dans la monotonie. De plus, comme vous aimez vous différencier des autres, votre métier doit se démarquer, étonner, épater, ou au contraire choquer : bref, il doit avoir un côté exceptionnel. Quand toutes ces conditions sont réunies, et cela arrive parfois tard dans votre vie, vous vous y consacrez à fond, et plus rien d'autre ne compte vraiment ! Vous n'avez plus d'horaires, votre conjoint et vos enfants passent au second plan et on vous regarde comme si vous étiez un extraterrestre ! En outre, comme vous avez soif de connaissances, vous faites tout pour enrichir votre pratique et la perfectionner. Rien ne vous plaît plus que d'innover dans votre branche, ou d'en découvrir des aspects inédits. Mais vous pouvez aussi vous réaliser dans le social, l'autre étant alors l'objet de votre « recherche » et occupant tout le terrain. Et comme vous ne faites pas les choses à moitié, c'est vous-même que vous finissez par oublier !

## > VOS DOMAINES DE PRÉDILECTION

Évidemment, les professions libérales vous sont conseillées, ainsi que toute activité garantissant votre indépendance. Les professions artistiques vous attirent souvent, et vous serez parmi les plus créatifs, les plus originaux. On vous retrouve dans les activités touchant de près à l'être humain : psychologue, astrologue, éducateur ou médecin. Dans les nouvelles technologies aussi : informatique, Internet, ainsi qu'à la radio (animateur) ou à la télé. Les professions liées à l'aviation, à la publicité et à la mode sont également parmi vos choix et vous y faites toujours preuve d'inventivité.

## > VOTRE PROFIL AMOUREUX

Votre besoin d'air, au sens propre comme au sens figuré, n'est pas très favorable à vos engagements, l'amitié étant généralement le type de relations que vous préférez. Vous éprouvez en effet des difficultés à laisser l'autre envahir votre espace et devez faire de nombreux compromis pour conserver l'amour quand il est là. Peu expansif, vous exprimez vos sentiments de manière détournée et il faut pouvoir les déduire de vos actes, ou tout simplement du fait que vous êtes là et pas ailleurs ! La base de vos unions est souvent plus intellectuelle que charnelle et vous appréciez la complicité, les affinités qui rapprochent. Mais cela ne vous empêche pas d'être la cible idéale du coup de foudre, celui qui change tout en un instant. Quand cela vous arrive, vous vous demandez comment vous avez pu vous en passer, tant l'intensité de vos sentiments fait grimper votre taux d'adrénaline ! Vous idéalisez alors l'objet de votre flamme, le placez sur un piédestal et vivez des moments magiques... Mais quand la passion retombe, vous êtes bien ennuyé et craignez de vous engluer dans le quotidien. Vous êtes alors capable de partir du jour au lendemain. Par ailleurs, la jalousie n'est pas votre fort et vous n'êtes pas un champion de la scène de ménage. Vous êtes adepte d'un mariage « ouvert », où chacun préserve son indépendance. Ce qui déroute vos partenaires, qui ont le sentiment que vous n'êtes pas réellement attaché à eux. Vous l'êtes cependant, mais à votre manière. Dans ce domaine, l'ascendant aura une importance particulière et peut même dans certains cas contredire la tendance Verseau. La sexualité n'est jamais vécue de manière très simple chez vous et il n'est pas rare que vous fassiez diverses expériences avant de savoir à quel bord vous appartenez. Elle peut être chez certains un domaine de « recherche », et passer totalement au second plan chez d'autres, qui privilégieront l'amitié dans le couple.

## > VOTRE VITALITÉ

Vous n'avez pas une santé de fer, c'est en tout cas ce que vous ressentez et ce que beaucoup d'entre vous affirment ! Mais, la plupart du temps, c'est le stress qui vous rend vulnérable et vous donne l'impression de vous heurter à des limites insurmontables. Vous êtes un grand angoissé, souvent victime de phobies ou de crises de panique. Il est indispensable, pour votre équilibre, que vous entrepreniez une psychothérapie si ces symptômes se manifestent. Ils seront accentués par un ascendant Gémeaux, Vierge, Sagittaire ou Poissons. En temps normal, vous êtes sans cesse sous pression et vous aimez ça ! L'urgence est votre drogue et vous entretenez vos tensions en abusant de stimulants comme le café et les cigarettes. Et ce n'est pas le sommeil qui vous repose car vous êtes généralement un petit dormeur. Même les vacances vous ennuient quand elles excèdent une certaine durée, car dès que la tension retombe vous vous angoissez. Peut-être la vie elle-même est-elle assimilée pour vous à ce stress permanent, qui vous donne la sensation d'exister ? Vous gagneriez, sans pour autant vous ramollir, à pratiquer des activités telles que le yoga, certains arts martiaux, ou encore la relaxation. La pratique quotidienne d'un sport vous ferait aussi beaucoup de bien, elle vous permettrait d'évacuer le « mauvais » stress et de garder le bon, celui qui vous aide à avancer.

## > VOS PRÉFÉRENCES ALIMENTAIRES

Pressé de vivre, vous l'êtes aussi de manger ! Avec vous, les repas ne traînent pas, car vous détestez rester coincé à table... Les banquets qui durent des heures sont pour vous un supplice, d'autant plus que vous souffrez de troubles circulatoires... Alors vous bougez, allez de table en table et prétextez une obligation de dernière minute pour vous éclipser avant tout le monde. En général, vous mangez à n'importe quelle heure, et préférez grignoter quand l'envie vous en prend. En effet, vous n'aimez pas vous sentir lourd. Votre repas préféré est le petit déjeuner, parce qu'il inaugure une nouvelle journée, et que celle-ci vous réserve peut-être des surprises ! Quand vous faites partie des Verseau gourmets, la nouvelle cuisine vous convient parce qu'elle est légère et qu'il y a le mot « nouveau ». Habituellement, vous appréciez les légumes, même s'ils sont surgelés, ainsi que les fruits les plus exotiques. Vous êtes souvent adepte d'une forme particulière de diététique. Résultat, vous êtes plutôt du genre mince, quand vous n'êtes pas carrément du type maigre et sec !

## > ANALOGIES DU VERSEAU

• **Zones du corps :** la tradition lui attribue les chevilles, mais le système nerveux et la circulation sanguine sont aussi représentés par le Verseau. Vous devez également surveiller votre cœur.
• **Planète maîtresse :** Uranus, symbole d'individualisme et d'altruisme. C'est elle qui représente ce refus des contraintes qui est le vôtre, et qui vous pousse à avoir toujours « un train d'avance » sur les autres. Elle vous invite aussi au dépassement de vous, à une quête d'absolu, mais vous confère une certaine rigidité.
• **Planète exaltée :** Saturne, qui représente le temps, la rigueur, le goût pour la recherche. Le Verseau était son domicile avant la découverte d'Uranus et vous en gardez une connaissance innée de la solitude, le besoin de vous construire et de vous élever.

• **Planète en exil :** le Soleil et ce qu'il symbolise, c'est-à-dire l'ego ! Non pas que le Verseau en manque (pas toujours, néanmoins), mais il a la capacité de l'effacer, de le mettre de côté au profit d'une cause, ou tout simplement pour aider l'autre...

• **Planète en chute :** Neptune. La planète de la foi ne vous est pas « donnée » naturellement et c'est donc bien elle que le Verseau doit conquérir pour se réaliser, et même trouver un sens à sa vie.

• **Plantes :** l'orchidée, le citron, le kiwi, le sceau-de-Salomon, les arbres fruitiers.

• **Couleur :** le bleu turquoise.

• **Pays et villes :** Russie, Suède, Pologne, Israël, Iran, Moscou, Salzbourg, Hambourg, Saint-Pétersbourg.

• **Animaux :** les oiseaux capables de voler sur de longues distances.

## > VERSEAU CÉLÈBRES

Olivia Adriaco, Richard Anconina, le prince Andrew, Jennifer Aniston, Daniel Auteuil, Loris Azzaro, Daniel Balavoine, Pascal Bataille, Adeline Blondieau, Humphrey Bogart, Didier Bourdon, Laurent Boyer, Philippe Candeloro, Colette, Phil Collins, Julien Courbet, James Dean, Raymond Domenech, Heather Graham, Paris Hilton, Natalie Imbruglia, Michel Jonasz, Michael Jordan, Nastassja Kinski, Ashton Kutcher, Brice Lalonde, Serge Lama, Anthony LaPaglia, Georges Lautner, Maxime Le Forestier, Gérard Lenorman, Norman Mailer, John McEnroe, Caroline de Monaco, Stéphanie de Monaco, Pierre Mondy, Jeanne Moreau, Wolfgang Amadeus Mozart, Paul Newman, Jean-Marie Périer, Lisa Marie Presley, Dominic Purcell, Charlotte

Rampling, Bernard Rapp, Axelle Red, Burt Reynolds, Claude Rich, Sonia Rolland, Michel Sardou, Nicolas Sarkozy, Tom Selleck, Michel Serrault, Jane Seymour, Shakira, Georges Simenon, Natasha St-Pier, Bernard Tapie, Pierre Tchernia, Justin Timberlake, John Travolta, Marie Trintignant, François Truffaut, Roger Vadim, Jules Verne, Karin Viard, Robbie Williams.

# Votre ascendant

L'ascendant, ou Maison I, est calculé d'après votre heure de naissance et représente le point qui se lève à l'horizon au moment où vous voyez le jour. C'est-à-dire que si vous naissez à l'heure où le Soleil se lève, votre signe et votre ascendant sont les mêmes. Ensuite, l'ascendant se décale d'un signe toutes les deux heures sur la roue du zodiaque, dans le sens inverse des aiguilles d'une montre. Au contraire du Soleil, qui vous renseigne sur l'aspect dominant de votre personnalité, sur l'image idéale que vous voulez montrer de vous-même, l'ascendant représente vos comportements relationnels, la façon dont votre Moi s'est construit et dont vous utilisez votre potentiel.

**Pour calculer votre ascendant: twelv.love**

## ASCENDANT BÉLIER

Encore plus que les autres Verseau, vous êtes toujours en mouvement et vous vous projetez sans cesse dans l'avenir. Vos idées et vos projets sont nombreux, souvent brillants, mais vous n'allez pas toujours au bout de vos entreprises. Vous extériorisez vos émotions et ne pouvez vous empêcher de les partager avec autrui. Le besoin de gagner, la rivalité et la compétition vous stimulent, à moins que Mars, qui gouverne votre ascendant, ne se trouve en Balance ou ne soit gênée par Saturne. Résolument positif, vous avez l'espoir chevillé au corps : même quand la vie pourrait paraître très sombre à d'autres, vous trouvez toujours quelque chose à quoi vous raccrocher et continuez à construire. Vous faites en effet partie de la race des bâtisseurs, même si vous oubliez parfois de creuser les fondations. Généreux, vous donnez beaucoup aux autres et votre désintérêt est l'une des qualités que vos nombreux amis apprécient particulièrement. Encore plus indépendant que le Verseau classique, vous avez parfois du mal à vous engager sérieusement dans une relation amoureuse. Vous êtes pourtant très attaché à l'institution familiale et à ses valeurs.

• **Vos atouts :** vous êtes dynamique, décontracté et optimiste. Vous savez motiver ceux que vous aimez, leur insuffler votre énergie et votre goût du risque. Vous vous enflammez facilement pour tout ce qui est nouveau et adorez l'action sous toutes ses formes ; le sport et autres activités stimulantes vous permettent de dépenser le trop-plein d'énergie qui est en vous et vous tient constamment en éveil.

• **Vos difficultés :** vous vous mettez facilement en colère, surtout si l'on chatouille votre orgueil, ou si l'on fait mine de ne pas vous croire. Mais cela ne dure jamais bien longtemps. Vous vous lassez rapidement quand il n'y a plus à conquérir, à lutter pour quelque chose. Et vous êtes trop susceptible !

• **Vos fragilités :** la tête (vous avez souvent des migraines), le surmenage (vous voulez trop en faire) et les problèmes de vue. Vos dents peuvent également être un souci.

**Mars est votre maître d'ascendant, étudiez ses mouvements avec attention.**

## > VOTRE ÂME SŒUR

*Selon votre signe et votre ascendant-descendant. Le descendant est le secteur opposé à l'ascendant et représente le monde des autres, les rencontres, les unions et associations...* Votre descendant se trouvant en Balance, vos partenaires doivent être aimants, attentionnés et supporter votre autorité. Ils doivent aussi posséder une vraie force de caractère, mais ne l'exprimer que quand cela vous arrange, et de manière que vous puissiez les respecter ! Ils seront donc Balance, ou ascendant Balance, c'est-à-dire que pour eux le couple passera avant tout, et ce sont eux qui feront les efforts... Mais vous vous entendrez également bien avec les Sagittaire, ou ascendant Sagittaire, dont l'énergie et l'optimisme trouveront des échos chez vous. Ensemble, vous aurez de grands projets, de belles idées, mais vous n'aurez pas toujours les pieds sur terre. Les Lion ou ascendant Lion ne pourront que vous attirer car ils sauront vous jeter quelques paillettes, et vous y êtes sensible ! Les Gémeaux ou ascendant Gémeaux vous feront rire et vous proposeront un quotidien très varié, rempli de fantaisie : tout ce que vous aimez. Vous vous entendrez bien avec les membres de votre signe ou avec ceux qui ont l'ascendant en Verseau, mais vous devrez gérer votre nature impatiente et ne pas vous emballer trop rapidement.

## ASCENDANT TAUREAU

Les contradictions sont nombreuses entre la nature possessive du Taureau et celle, beaucoup plus détachée, du Verseau. L'un conserve, amasse, l'autre se débarrasse et jette. L'un fonctionne sur le ressenti corporel, l'autre sur la cérébralité... Sécurité et sérénité sont les mots-clés de votre ascendant, qui ne s'épanouit que dans la certitude que rien ne va lui manquer et qui a tendance à immobiliser la situation quand elle lui convient. Alors que l'impatience du Verseau, son besoin constant de progression et de changement, vient s'inscrire en faux, vous incitant à vous révolter dès qu'un autre fait mine de se conduire comme vous et de se montrer possessif ou conservateur. Et ce n'est pas la moindre de vos contradictions ! Les habitudes ont une certaine importance dans votre vie, dans la mesure où elles sont synonymes de sécurité, mais vous les balayez d'un revers de la main dès qu'elles vous gênent, même si vous avez mis des mois, voire des années, à les construire. L'aspect matériel de l'existence – argent, confort, possessions – tient une place de choix dans la vie du Taureau, alors que le Verseau n'en a pas grand-chose à faire. Certes, l'argent ne lui est pas indifférent, mais il ne représente pas un but en soi. Et vous voilà, encore une fois, tiraillé entre des tendances contraires, passant souvent de l'une à l'autre sans savoir où vous situer vraiment. Les deux signes étant fixes, leurs natures ne se mélangent pas. C'est la raison pour laquelle vous passez d'un comportement à l'autre.

• **Vos atouts :** la créativité, le sens du beau et du bon, la solidité et un formidable appétit de vivre qui vous rend très sympathique aux autres.

• **Vos difficultés :** des rythmes heurtés, lenteur alternant avec rapidité, un entêtement, une obstination qui peuvent agacer et une totale mauvaise foi.

• **Vos fragilités :** la gorge, les organes sexuels, la glande thyroïde. Et une nette tendance à prendre du poids !

**Vénus est votre maître d'ascendant, étudiez ses mouvements avec attention.**

## > VOTRE ÂME SŒUR

*Selon votre signe et votre ascendant-descendant. Le descendant est le secteur opposé à l'ascendant et représente le monde des autres, les rencontres, les unions et associations...* Votre descendant étant en Scorpion, vous avez besoin de partenaires entiers : ils doivent être passionnés, exclusifs, et n'avoir que vous en tête. La fidélité et la communauté d'intérêts matériels seront souvent à la base de vos relations et vous obligeront à donner une seconde chance à votre couple s'il est en difficulté. Les personnes qui sont Scorpion ou ascendant Scorpion vous attireront car elles possèdent les qualités que vous recherchez, elles-mêmes étant très exigeantes sur l'honnêteté et la sincérité. Mais vous vous entendrez également avec ceux ou celles qui sont Capricorne ou ascendant Capricorne, pour leur sens des valeurs et leur fidélité. Leur humour ne vous sera pas indifférent, mais votre nature Verseau les trouvera un peu trop pessimistes. La sensibilité des Cancer ou ascendant Cancer vous touchera et votre nature Taureau sera en accord avec leur volonté de construire une cellule familiale solide. Les Poissons ou les ascendant Poissons, émotifs et romantiques, vous attireront également, leur nature Eau (détendue) ayant des effets bénéfiques sur votre Soleil Verseau, un peu trop sec. Ne négligez pas non plus les Vierge ou ascendant Vierge dont le sens de l'organisation vous épatera.

## ASCENDANT GÉMEAUX

Vous êtes rapide, mobile, toujours en mouvement et les sens en éveil. La curiosité est un des traits principaux de votre caractère ; c'est elle qui vous pousse à vous intéresser de très près à la vie de vos proches et aux remous du monde qui vous entoure. Vous avez en effet une véritable boulimie d'informations et voulez tout connaître, tout savoir. Votre gravité Verseau se trouve allégée par cet ascendant Gémeaux qui ajoute à votre humour et vous place au centre d'un groupe (amical ou autre) dont vous pouvez être un des meneurs. Vous maintenez toutefois une distance avec les autres, qui vous permet d'exercer votre sens critique – lequel, s'il n'est pas très méchant, égratigne toujours un peu, et d'autant plus si vous aimez ! Vous développez alors une ironie parfois mordante, qui n'est autre qu'une défense contre votre monde sensible. Celui-ci étant votre « pire ennemi », le vrai danger que vous n'identifiez pas et que vous projetez dans le monde extérieur. Lorsque les autres vous font peur, ou vous bloquent, c'est que vous voyez en eux ce que vous ne voulez pas voir en vous-même ! Le jeu est une autre manière de vous défendre, vous aimez vous déguiser ou endosser d'autres personnalités – vous faites souvent un excellent comédien. Encore plus indépendant, peut-être, que le pur Verseau, vous avez des idées novatrices et vous vous démarquez vivement de vos contemporains ; jusqu'à votre habillement ou votre langage, qui peuvent être volontairement provocateurs. Par ailleurs, vous avez un avantage de taille sur les autres : vous conservez longtemps un aspect juvénile, un côté éternel adolescent...

• **Vos atouts :** vous comprenez rapidement et apprenez très vite. Doué pour pas mal de choses, vous êtes capable d'exercer plusieurs activités successivement ou simultanément, tant vous avez la capacité de disperser votre attention.

• **Vos difficultés :** elles sont le revers de vos qualités ; vous êtes d'une impatience folle, avez tendance à trop entreprendre et manifestez des difficultés à vous concentrer sur le long terme.

• **Vos fragilités :** le système respiratoire, les bronches, les poumons, ainsi que les mains.

**Mercure est votre maître d'ascendant, étudiez ses mouvements avec attention.**

## > VOTRE ÂME SŒUR

*Selon votre signe et votre ascendant-descendant. Le descendant est le secteur opposé à l'ascendant et représente le monde des autres, les rencontres, les unions et associations...* Votre descendant étant en Sagittaire, vous avez besoin de partenaires qui vous donnent de l'importance, qui vous permettent de changer fréquemment d'univers et d'avoir une vie sociale animée. Ils doivent vous faire « voyager », autant dans la réalité que dans votre tête. Les Sagittaire ou ascendant Sagittaire seront donc votre premier choix : leurs belles idées vous séduiront. Mais vous vous entendrez également très bien avec les Bélier ou ascendant Bélier, enthousiastes et chaleureux. Vous serez heurté par leur réactivité et leur façon de projeter leurs émotions à l'extérieur, comme des armes, mais leur dynamisme vous fera du bien ! Les Lion ou ascendant Lion vous fascineront et vous agaceront à la fois : en général, vous n'aimez pas ceux qui privilégient les apparences, mais vous ne pourrez vous empêcher d'être attiré par leur présence, leur forte personnalité. Les Balance ou ascendant Balance sauront eux aussi vous séduire par leur côté artiste, et leur délicatesse sera en harmonie avec la vôtre. Enfin, les membres de votre signe ou ceux qui ont l'ascendant en Verseau ne vous laisseront jamais indifférent, même si vous les percez très facilement à jour.

## ASCENDANT CANCER

Vous donnez une apparence de fragilité et d'immaturité qui touche les autres et suscite l'envie de vous prendre en charge. Vous avez même un côté angélique et extrêmement romantique, qui tranche avec des comportements parfois assez autoritaires. D'ailleurs, vous voulez diriger votre vie comme vous l'entendez, et pourquoi pas celle des autres ! Votre entourage familial est l'axe principal autour duquel vous vous développez, mais si vos parents n'ont pas été assez bons, vous les quittez très tôt et en gardez longtemps un profond regret ou une forte rancune ! En toutes circonstances, même dans votre vie professionnelle, vous avez besoin de recréer une famille autour de vous, ou un clan qui vous soutient sans conditions. Sujet à des humeurs en dents de scie, vous êtes inquiet et avez besoin de mener à bien vos entreprises pour vous rassurer. Vous développez donc les côtés accrocheur et volontaire du Cancer, qui vous permettent d'atteindre vos buts à force de persévérance. Mais pas de patience ! Celle-ci n'est pas votre fort et plus vous êtes obligé d'attendre, plus vous avez l'impression que vous n'obtiendrez pas ce que vous désirez. Votre émotivité et votre sensibilité sont extrêmes et trouvent souvent à s'épancher dans une activité artistique, ou lorsque vous vous occupez des autres. Vos relations amoureuses, comme nous le verrons plus loin, sont souvent compliquées et marquées par des désirs contradictoires.

• **Vos atouts :** vous êtes capable de beaucoup de gentillesse. Vous avez de l'intuition et un maximum de réceptivité, ce qui vous permet de sentir les autres, de les deviner. Par ailleurs, votre imaginaire est florissant et nourrit votre créativité.

• **Vos difficultés :** en dehors de votre émotivité et de vos sautes d'humeur pas toujours faciles à vivre, vous êtes souvent trop susceptible et irritable. Vous devez veiller, également, à ne pas interpréter la réalité d'après vos rêves.

• **Vos fragilités :** principalement le système digestif et toute maladie psychosomatique liée à un excès d'émotivité.

**La Lune est votre maître d'ascendant, étudiez-la avec attention.**

## > VOTRE ÂME SŒUR

*Selon votre signe et votre ascendant-descendant. Le descendant est le secteur opposé à l'ascendant et représente le monde des autres, les rencontres, les unions et associations...* Vous avez le descendant en Capricorne, ce qui indique que vos partenaires sont parfois plus âgés que vous ou qu'ils ont une maturité dont vous avez besoin pour vous sentir en sécurité. Les Capricorne ou ascendant Capricorne sont donc votre premier choix : ils sont sérieux, responsables et d'une fidélité à toute épreuve. Ils ont, de plus, suffisamment de distance avec ceux qu'ils aiment pour respecter votre indépendance, même s'ils ont peur de vous perdre. Vous vous entendrez également très bien avec les Taureau ou ascendant Taureau, sensuels, tendres et très rassurants. Mais ils seront jaloux et ce petit travers risque de gâcher vos relations. Avec les Vierge ou ascendant Vierge, ça pourrait être le beau fixe : la communication passera bien entre vous. Mais vous trouverez qu'ils ne s'affirment pas assez. Avec les Scorpion ou ascendant Scorpion, ce sera de l'ordre de la passion, vous vous ferez souffrir, vous prendrez et vous laisserez, avant de vous apaiser ou de vous séparer. Avec les Poissons ou ascendant Poissons, l'harmonie pourrait bien régner : leur émotivité et leur sensibilité s'accordant parfaitement avec la vôtre !

## ASCENDANT LION

Ces deux signes induisent un conflit intérieur entre la volonté de s'affirmer et de paraître, typique du Lion, et l'altruisme, l'oubli de soi du Verseau. L'ego du Lion est sans cesse combattu par le détachement du Verseau, et votre identité en fait les frais ! Vous mettez du temps à trouver votre unité et y parvenez en général autour de la quarantaine. Vous avez le goût de la perfection et aimez ce qui est beau. L'orgueil et l'amour-propre dominent votre caractère, ce qui vous donne envie d'être le premier dans le cœur de l'autre et dans toutes vos entreprises ! Votre créativité trouve à s'exprimer dans des activités artistiques, liées à l'image. Mais le couple, et surtout la maternité ou la paternité, sont essentiels, et vous prenez l'éducation de vos enfants très à cœur ! Votre autorité naturelle fascine vos proches, et vous devez faire attention à ne pas verser dans l'autoritarisme avec votre partenaire, vos enfants, ou ceux qui travaillent avec vous. Attention également à ne pas exiger d'eux plus qu'ils ne peuvent vous donner : personne n'est parfait, c'est ce que vous devez vous répéter jour après jour ! Si vous n'avez pas d'enfant, c'est dans votre vie professionnelle que vous développez le mieux vos talents créatifs : votre sens de l'organisation y fait merveille. Vous aimez travailler en équipe, où votre idéalisme Verseau se met au service du groupe, alors que votre nature Lion vous pousse à jouer les « chefs ». Toutes ces contradictions peuvent être dépassées, nous l'avons vu, surtout quand vous vous dévouez aux autres... Ou à l'élu de votre cœur.

• **Vos atouts :** vous êtes honnête, loyal, droit et l'on peut vous faire confiance en toutes circonstances. Vous avez également le sens des valeurs, et vous choisissez des modèles qui vous servent de référence. Vous êtes aussi d'une grande générosité, qui peut être de la largesse chez certains.

• **Vos difficultés :** on vous reprochera une certaine autosatisfaction, de la vanité, une grande sensibilité aux compliments, aux honneurs, à la flatterie. Mais vous n'en êtes pas dupe !

• **Vos fragilités :** le cœur, le dos, la vue.

**Le Soleil est votre maître d'ascendant, étudiez sa position et ses aspects avec attention.**

## > VOTRE ÂME SŒUR

*Selon votre signe et votre ascendant-descendant. Le descendant est le secteur opposé à l'ascendant et représente le monde des autres, les rencontres, les unions et associations...* Votre descendant étant dans votre propre signe, le Verseau, vous avez besoin de partenaires aussi généreux que vous et qui vous incitent à vous dépasser. Ils doivent être un peu « à part » et surtout vous devez pouvoir les admirer. Ils doivent aussi faire preuve d'indépendance et ne pas vous étouffer. Les membres de votre signe ou ceux qui ont l'ascendant en Verseau auront donc la priorité : vous serez en terrain connu ! Mais attention à un excès d'idéalisme... Avec les Gémeaux ou ascendant Gémeaux, il y aura une belle complicité et vous admirerez leur souplesse, leur façon de s'adapter à toutes les circonstances. Mais vous les trouverez parfois insensibles. Les Balance ou ascendant Balance vous séduiront par leur talent créatif et par leur volonté de construire un couple solide. Vous regarderez dans la même direction et aurez ainsi des chances d'être en totale harmonie. Les Sagittaire ou ascendant Sagittaire seront également d'excellents coéquipiers, positifs et dynamiques, avec qui vous entretiendrez des relations marquées autant par la passion que par l'amitié et les affinités.

## ASCENDANT VIERGE

♍

Votre potentiel mental, votre sens de l'analyse et de la synthèse sont vos principaux atouts, mais ils s'expriment au sein d'une nature inquiète, souvent retenue par la peur d'aller trop loin. Vous avez également la crainte d'être mal jugé, critiqué ou de commettre une faute quelconque, tant vous êtes perfectionniste. Votre souci des autres, votre sens social Verseau s'exprimeront cependant parfaitement dans une vocation, ou dans le dévouement à l'autre, voire dans le domaine du soin. Votre personnalité est structurée autour de votre pensée et du besoin de prévoir tout ce qui pourrait vous arriver d'ennuyeux. Il est d'ailleurs possible que vous soyez hypocondriaque et que votre santé soit très fréquemment l'objet de spéculations plus ou moins négatives. Vous serez nombreux à adopter un régime alimentaire particulier pour préserver votre organisme, à vous bourrer de vitamines et de produits bio. Et comme vous aimez tout ce qui est nouveau, vous vous tenez au courant des derniers traitements concernant toutes les maladies qui font peur... Même si vous n'êtes pas médecin, les autres ont souvent l'impression que vous avez étudié la médecine de près. C'est dans le travail que vous donnez le maximum et que vous avez la sensation d'être utile. Dans la vie quotidienne, vous avez sur vous-même un regard un peu ironique, quand il n'est pas dévalorisant ! Mais vous ne manquez pas d'humour ni de distance. Tout ce qui est de l'ordre des émotions se révèle « dangereux » et vous avez du mal à les exprimer de manière directe : vous attendez que les autres vous devinent.

• **Vos atouts :** fidélité, honnêteté et goût du travail bien fait font de vous une personne fiable. Vous êtes raisonnable, sérieux dans tout ce que vous faites, et votre modestie naturelle s'allie à l'altruisme du Verseau.

• **Vos difficultés :** vous êtes timide, inquiet, une personne soucieuse qui ne se détend que très rarement et qui ne se fait pas confiance. Votre entourage vous reproche d'ailleurs votre nervosité, et votre extrême vigilance vous prive souvent d'un sommeil réparateur.

• **Vos fragilités :** les intestins principalement, ainsi que toute maladie d'origine nerveuse.

**Mercure est votre maître d'ascendant, étudiez ses mouvements avec attention.**

## > VOTRE ÂME SŒUR

*Selon votre signe et votre ascendant-descendant. Le descendant est le secteur opposé à l'ascendant et représente le monde des autres, les rencontres, les unions et associations...* Votre descendant se trouve en Poissons, vous avez donc besoin de partenaires sensibles, qui vous devinent et ne mettent pas votre pudeur à mal. Les relations doivent vous faire penser, fantasmer, c'est presque plus important pour vous que le contact charnel. Ce qu'un Poissons ou ascendant Poissons saura parfaitement faire. Il vous comprendra intuitivement, saura créer une brèche dans vos défenses intellectuelles et vous apprendra à vous ouvrir davantage à votre monde émotionnel. Il en ira de même avec un Scorpion ou ascendant Scorpion, sensible et réactif : il vous mettra au défi d'atteindre son haut niveau d'intensité émotionnelle, et si vous y arrivez, vous aurez fait un grand pas en avant. Mais les Cancer ou ascendant Cancer seront aussi parmi vos favoris : émotifs et sensibles comme vous, ils ont un imaginaire foisonnant qui vous apparaîtra comme un monde un peu magique. Les Taureau ou ascendant Taureau vous attireront sensuellement et vous rassureront, mais ne respecteront pas votre indépendance. Même chose avec les Capricorne ou ascendant Capricorne, solides et fidèles.

## ASCENDANT BALANCE

Charmant, séduisant, esthète dans l'âme, vous avez essentiellement besoin de relations avec les autres. La solitude est ce qui vous effraie le plus, à égalité avec la peur d'être abandonné ou rejeté. Même dans votre travail, vous avez besoin de faire équipe, de vous associer, car vous ne voyez pas l'intérêt de réussir tout seul. De plus, vous avez besoin de l'approbation des autres, tant votre nature Balance est hésitante et craint de blesser ceux qui se trouvent face à vous. À moins d'un Mars bien placé, vous manquez aussi de volonté mais, stimulé par un partenaire, vous êtes capable de tout, même d'audaces ou de prises de position surprenantes. Toutefois, votre côté Verseau vous incite à mettre votre ego en retrait alors qu'il faudrait que vous vous affirmiez plus souvent et surtout de manière plus régulière. Mais vous n'aimez ni les efforts ni les rapports de force et développez très tôt des qualités de diplomate qui vous servent à maintenir l'harmonie, à ne pas faire de vagues. Par ailleurs, vous êtes doué pour les arts : musique, danse, peinture font partie de votre équilibre, même si vous n'êtes que spectateur. L'amitié est souvent votre priorité et vous savez pratiquer l'entraide en toutes circonstances. Vos dispositions optimistes attirent la chance et vous bénéficiez fréquemment des petits coups de pouce du destin. Votre esprit de fraternité vous incite à faire partie de groupes ou d'associations à visée humanitaire, au sein desquels vous vous épanouissez. Il arrive que les injustices vous révoltent tellement que vous choisissez un métier de justice pour défendre ceux que le sort, ou la société, a défavorisés.

• **Vos atouts :** tact et délicatesse vous permettent d'entretenir de bonnes relations dans votre vie affective. Vous êtes de bon conseil et savez révéler aux autres ce qu'ils ont de mieux. Vous avez l'art de recevoir, de tenir une jolie maison et de donner du plaisir à ceux qui vous entourent. Et vous faites souvent d'excellents parents.

• **Vos difficultés :** vous êtes hésitant, avez du mal à faire un choix et à prendre une décision tranchée.

• **Vos fragilités :** les reins surtout, ainsi que la peau et la vésicule biliaire.

**Vénus et Saturne sont vos planètes maîtresses, étudiez-les avec attention.**

## > VOTRE ÂME SŒUR

*Selon votre signe et votre ascendant-descendant. Le descendant est le secteur opposé à l'ascendant et représente le monde des autres, les rencontres, les unions et associations...* Votre descendant étant en Bélier, vous êtes attiré par des partenaires actifs, décideurs et enthousiastes. Pour vous séduire, ils devront vous donner l'envie de vous dépasser. Un Bélier ou un ascendant Bélier sera probablement votre premier choix, car il correspond à ces critères. Cependant, même s'il y a de la passion, vous serez peut-être rapidement lassé par les rapports de force qu'il provoquera. Les Sagittaire ou ascendant Sagittaire vous séduiront par leur optimisme et leur amour de la vie ; leur idéalisme vous attirera et sera en écho avec votre Soleil Verseau. Les Lion ou ascendant Lion seront également de bons équipiers et exerceront sur vous une sorte de fascination. Les Gémeaux ou ascendant Gémeaux vous amuseront et leur adaptabilité, leur souplesse, leur humour vous stimuleront. Évidemment, les membres de votre signe ou les ascendant Verseau seront aussi parfaits pour faire le chemin avec vous, mais vous ne serez pas toujours très en phase avec la réalité !

## ASCENDANT SCORPION

Volontiers secret, pour ne pas dire renfermé, vous avez une sensibilité éruptive et vous vous présentez souvent comme un écorché vif. Tout ce qui vient du monde extérieur est susceptible de vous blesser ! Par ailleurs, vos impulsions sont très fortes et votre détermination n'a d'égale que votre volonté de progresser. Vous n'exprimez pas toujours vos désirs ou même vos idées de manière directe : vous aimez influencer les autres, leur faire comprendre et surtout ressentir ce que vous avez en vous. Vous y parvenez grâce à votre connaissance innée de leurs mécanismes intimes : vous les prenez au dépourvu, les démasquez facilement. Votre sens psychologique, votre perspicacité ne sont plus à vanter ! C'en est même gênant pour vous, car il arrive rarement que l'autre fasse illusion très longtemps... Cela ne vous empêche pas de vous autoanalyser aussi, ce qui vous conduit parfois à un excès de lucidité et au désenchantement : beaucoup de comportements humains vous semblent malhonnêtes et faux. D'ailleurs, le quotidien n'est jamais facile pour vous, vous avez l'impression que vous passez votre temps à vous battre ! Votre recherche de pureté et d'authenticité, votre refus des faux-semblants se heurtent à une réalité dont vous ne vous accommodez pas facilement et le besoin profond de progresser du Verseau est freiné par la passivité, l'attentisme du Scorpion. Mais ce ne sont que quelques contradictions parmi d'autres, votre personnalité n'étant jamais totalement harmonieuse, tant vos désirs passent d'un extrême à l'autre. Cela constitue en même temps toute votre richesse intérieure, et fait de vous quelqu'un de spécial !

• **Vos atouts :** l'ambition, la persévérance et un sens de l'humour très corrosif. C'est un cocktail de choc qui vous permet, le plus souvent, d'atteindre les buts que vous vous êtes fixés.

• **Vos difficultés :** une jalousie et une possessivité qui vous jouent des tours : vous refusez de perdre. Par ailleurs, on vous reproche souvent vos silences, votre besoin de rivaliser, d'avoir le dessus sur les autres et de contrôler votre entourage.

• **Vos fragilités :** les organes sexuels, ainsi que les intestins.

**Pluton et Mars sont vos planètes maîtresses, étudiez-les avec attention.**

## > VOTRE ÂME SŒUR

*Selon votre signe et votre ascendant-descendant. Le descendant est le secteur opposé à l'ascendant et représente le monde des autres, les rencontres, les unions et associations...* Votre descendant étant en Taureau, il est logique que vous ayez besoin de partenaires doux, tendres et fidèles, dont la présence vous sécurise et qui n'utilisent pas vos faiblesses pour en faire leurs propres forces. Le désir voire la passion doivent toujours être présents entre vous, votre nature sensuelle ne s'accommodant pas de relations mièvres. Les Taureau ou ascendant Taureau seront donc vos partenaires favoris, ils ont de la patience, une forte sensualité et une fidélité à toute épreuve. Mais les

Capricorne ou ascendant Capricorne auront également le sérieux requis, la stabilité et la force intérieure dont vous avez besoin. Ils feront de bons compagnons de route. Les Vierge ou ascendant Vierge seront aussi parmi vos choix, mais la relation sera un peu trop cérébrale... Les Poissons ou ascendant Poissons vous attendriront et leur romantisme s'accordera avec votre propre sensibilité. Mais qui fera le premier pas ? Les Cancer ou ascendant Cancer vous paraîtront attachants et leurs valeurs seront semblables aux vôtres, surtout sur le plan familial.

# ASCENDANT SAGITTAIRE

Il y a chez vous un grand besoin de mouvement, d'espace, de dépasser les limites qui vous sont imposées, sur le plan mental ou physique. Vous êtes d'une grande nervosité, toujours branché sur la haute tension, du genre à ne pas tenir en place, à ne pas supporter d'être enfermé quelque part ou de subir la moindre contrainte... Mais vous avez un idéal haut placé, et vous vous donnez les moyens de l'atteindre, votre art de la communication étant le meilleur de vos atouts. Vous avez d'ailleurs un ton bien personnel, une manière de vous exprimer et d'utiliser l'humour qui n'appartient qu'à vous. Optimiste et chaleureux, vous avez une aisance naturelle et une confiance en vous qui vous conduisent à réussir vos entreprises. La chance est souvent à vos côtés, mais c'est surtout parce que vous savez saisir les opportunités et faire feu de tout bois. Votre envie d'effacer les frontières fait de vous un citoyen du monde, avide de voyages, de connaissances, d'expériences de toutes sortes. Sportif ou intellectuel, vous tendez naturellement à être le meilleur et, même quand vous vous faites dépasser, vous savez être bon perdant. Par ailleurs, vous êtes un bon vivant, de ceux qui savent profiter des douceurs de l'existence et les partager avec ceux qu'ils aiment. Votre enthousiasme est contagieux : on se sent bien en votre compagnie et vous êtes de bon conseil. On est parfois un peu bousculé par votre rapidité de parole ou d'action, un vrai feu d'artifice ! Mais on ne peut pas vous en vouloir. Certes, aux yeux de certains, vous pouvez passer pour un baratineur, quelqu'un qui a l'art de la pirouette et un humour un peu comique troupier. Vous pouvez mettre ces dispositions au service d'une profession commerciale ou, encore une fois, d'activités liées à la communication.

• **Vos atouts :** votre générosité, votre loyauté... Une intense énergie positive, qui vous pousse à aller sans cesse de l'avant, sans vous accorder de repos. Cela peut être épuisant pour les autres !

• **Vos difficultés :** vous voulez toujours avoir raison, tout organiser, tout gérer, ne rien déléguer. Votre inflexibilité peut vous attirer des ennemis et provoquer des tensions avec vos proches. Vos colères sont mémorables.

• **Vos fragilités :** tout le système circulatoire, ainsi que le foie.

**Jupiter est votre maître d'ascendant, étudiez-le avec attention.**

## > VOTRE ÂME SŒUR

*Selon votre signe et votre ascendant-descendant. Le descendant est le secteur opposé à l'ascendant et représente le monde des autres, les rencontres, les unions et associations...* Votre descendant étant en Gémeaux, vous avez besoin de partenaires fantaisistes qui aient le goût du jeu et beaucoup d'humour. Les relations doivent être légères et respecter votre besoin d'espace, de liberté et de changement. L'autre ne doit surtout pas se comporter en propriétaire avec vous, et s'il sait vous échapper, c'est encore mieux ! Cet être multiple qu'est le Gémeaux ou ascendant Gémeaux vous conviendra, car il n'est jamais le même. Il a autant besoin de communiquer que vous et il est difficile à attacher : un vrai challenge ! Les membres de votre signe ou ceux qui ont l'ascendant en Verseau sauront également vous séduire et surtout vous comprendre. Les Bélier ou ascendant Bélier vous attireront, leur énergie étant à la hauteur de la vôtre ; mais leur égoïsme pourrait vous faire grincer des dents. Les Lion ou ascendant Lion feront partie de vos choix, vous admirerez leur présence, leur élégance. Leur aura vous fascinera. Par ailleurs, vous ne serez jamais indifférent aux Balance ou ascendant Balance, signe d'Air comme le Verseau.

# ASCENDANT CAPRICORNE

Autant vous êtes solide et stable dans vos affections, vous sentant responsable des autres ou des tâches que l'on vous confie, autant vous manquez souvent de confiance en vous et passez par des hauts et des bas importants... À certains moments, vous avez un sentiment de toute-puissance, l'impression que vous pouvez accomplir de grandes choses ; et puis à d'autres, vous vous trouvez nul. Mais quand vous vous êtes fixé un but, votre détermination et votre persévérance sont imbattables et mieux vaut ne pas se mettre en travers de votre route. D'ailleurs, votre ambition est le plus souvent au premier plan, le besoin de vous imposer par tous les moyens étant votre carburant quotidien. Malgré votre Soleil en Verseau, c'est la tendance saturnienne (Capricorne) qui domine votre caractère dans cette combinaison de signes, c'est-à-dire l'introversion, la rigueur, et même la froideur. Vous pouvez avoir une apparence inaffective, mais vous avez plus de sensibilité qu'on ne le pense généralement. L'angoisse d'être rejeté, abandonné, la peur de l'échec sont très fortes et elles peuvent vous freiner autant que vous faire avancer. Simplement vous les dissimulez sous des côtés bourrus ou derrière une apparente indifférence. Certains d'entre vous se détachent du monde matériel et de tout ce que le Verseau apprécie en temps normal : les gadgets, les nouveautés par exemple. Vous préférez alors les valeurs sûres, le passé ayant autant d'importance pour vous, sinon plus, que le futur. Gros travailleur, vous aimez affronter les difficultés et n'accordez de valeur aux choses que si vous avez lutté pour les obtenir. Mais toute cette énergie peut très bien être mobilisée dans un but désintéressé, pour venir en aide à autrui.

• **Vos atouts :** une indéfectible fidélité, surtout en amitié, et un sérieux qui font de vous la personne sur qui l'on peut compter. Un sens des réalités et une froide détermination qui s'ajoutent à une ambition parfois sans limites.

• **Vos difficultés :** un excès de froideur ou de réserve, des difficultés à communiquer dans le couple.

• **Vos fragilités :** les os et la peau.

**Saturne est votre maître d'ascendant, étudiez ses mouvements avec attention.**

## > VOTRE ÂME SŒUR

*Selon votre signe et votre ascendant-descendant. Le descendant est le secteur opposé à l'ascendant et représente le monde des autres, les rencontres, les unions et associations...* Votre descendant étant en Cancer, vous êtes à la recherche de partenaires qui savent percer vos défenses à force de tendresse et d'attentions. Votre combinaison de signes étant en effet un peu « sèche », les sensibles signes d'Eau vous sont conseillés. Les Cancer ou ascendant Cancer seront donc un bon choix car ils sont vulnérables et ont un côté enfantin qui vous fera craquer. Vous vous ouvrirez plus facilement avec eux, mais il est possible que vous souffriez de leur mauvais caractère ! Le romantisme et la générosité des Poissons ou ascendant Poissons vous feront fondre et effaceront vos défenses. Leur monde vous est étranger, mais il est important que vous y soyez confronté. Vous vous entendrez bien par ailleurs avec les sensuels et caressants Taureau ou ascendant Taureau, mais leur lenteur et leur jalousie risquent de vous agacer assez rapidement. Avec les intellectuels Vierge ou ascendant Vierge, vous créerez une belle complicité, et les centres d'intérêt communs seront nombreux. Quant aux Scorpion ou ascendant Scorpion, leur magnétisme et leur sensualité ne vous laisseront jamais indifférent.

## ASCENDANT VERSEAU

Vos tendances Verseau sont évidemment renforcées par cette signature astrale. Toutefois, selon que votre Soleil se trouve avant ou après l'ascendant, elles seront plus actives ou plus passives...
**Uranus et Saturne sont vos planètes maîtresses : suivez leurs mouvements avec attention.**

### > VOTRE ÂME SŒUR

*Selon votre signe et votre ascendant-descendant. Le descendant est le secteur opposé à l'ascendant et représente le monde des autres, les rencontres, les unions et associations...* Avec votre descendant en Lion, vous avez besoin de partenaires que vous pouvez admirer, dont la réussite vous éblouit, ou dont l'intelligence vous impressionne. Vous leur donnez beaucoup d'importance, même s'ils ne la méritent pas vraiment. Ce qui n'est pas le cas des Lion ou ascendant Lion, qui ont toujours en eux quelque chose vous paraissant admirable ; ils seront donc un bon choix car ils ne vous décevront pas. Toutefois, leur souci des apparences pourrait vous agacer à la longue. Les Bélier ou ascendant Bélier vous séduiront et vous nouerez une belle complicité ; mais les relations seront souvent plus cérébrales que charnelles et vous devrez supporter les rapports de force qu'ils installent toujours. Les Sagittaire ou ascendant Sagittaire seront également de formidables partenaires, aussi idéalistes et enthousiastes que vous. Ils seront de bons compagnons, ainsi que les Balance ou ascendant Balance : ensemble, vous vous battrez contre toutes les injustices et vous investirez dans des activités utiles aux autres. Avec les Gémeaux ou ascendant Gémeaux, vous vous amuserez énormément : leur souplesse, leur adaptabilité et leur jeunesse d'esprit vous épateront.

# ASCENDANT POISSONS

Vous êtes comme une éponge et absorbez tout ce qui vient de votre environnement. Vous êtes donc hypersensible, intuitif, émotif, et savez vous mettre à la place des autres. Votre générosité et votre dévouement vont souvent jusqu'au sacrifice de vos propres intérêts. Dans certaines situations, vous vous sous-estimez et faites preuve de modestie, alors que vous savez très bien que vous avez d'immenses qualités. Mais cela vous amuse de voir que l'on vous prend pour ce que vous n'êtes pas ! Vous passez parfois pour un doux rêveur, un idéaliste épris de justice sociale et qui se lance avec passion dans tous les combats. Vous vous fondez dans ce que vous défendez, au point de perdre vos repères ou même votre identité... La misère humaine vous touche tout particulièrement, et vous êtes capable de partir au bout du monde pour vous dévouer à ceux qui souffrent. Lorsque vous vivez une existence que vous jugez banale, il vous arrive de l'enjoliver en vous racontant des histoires, ou en donnant un relief particulier aux petits incidents qui émaillent votre quotidien. Vous avez tendance à la fusion, au mélange, à l'indifférenciation et, pour trouver votre propre identité, vous devez apprendre à faire la part des choses, à être plus critique. Comme vous détestez les conflits, la fuite et la politique de l'autruche sont souvent vos meilleures armes. Vous les utilisez également quand vous refusez quelque chose, ou quelqu'un, car vous ne savez pas dire non. D'ailleurs, la plupart du temps, vous pensez que les autres n'ont qu'à être attentifs et deviner ce que vous ressentez ! Des difficultés de communication peuvent par conséquent troubler vos relations avec vos proches, qui ne comprennent pas toujours ce que vous suggérez en silence. Mais vous êtes tellement gentil et généreux que l'on vous pardonne beaucoup.

• **Vos atouts :** les chocs et les traumatismes semblent glisser sur vous, en tout cas c'est l'impression que vous donnez. Vous avez le sens du secret et on peut vraiment tout vous confier. Votre humour est également une arme redoutable, que vous retournez contre vous !

• **Vos difficultés :** vous vous dissimulez souvent la vérité et bâtissez des romans dans votre tête. Vous n'avez pas de limites et n'acceptez que très difficilement les règles et les conventions.

• **Vos fragilités :** la circulation principalement, ainsi que le transit intestinal, trop rapide ou trop lent.

**Neptune et Jupiter sont vos planètes maîtresses, étudiez leurs mouvements avec une attention particulière.**

## > VOTRE ÂME SŒUR

*Selon votre signe et votre ascendant-descendant. Le descendant est le secteur opposé à l'ascendant et représente le monde des autres, les rencontres, les unions et associations...* Votre descendant est en Vierge, signe opposé et complémentaire des Poissons. Ce qui signifie que vous demandez à vos partenaires d'être sécurisants et plutôt organisés. Ils doivent vous poser des limites, sans pour autant vous empêcher d'être créatif et imaginatif. La relation doit servir de « contenant

» à vos émotions. Vos partenaires doivent aussi avoir le sens pratique qui vous manque souvent et être plutôt organisés. Les Vierge, les ascendant Vierge et toute personne ayant la Lune ou Vénus dans ce signe possèdent ces qualités : vous formerez un bon couple. Avec les Taureau ou ascendant Taureau, il y aura pas mal d'affinités et surtout vous dialoguerez avec facilité. Leur sensualité vous attirera et leur stabilité affective sera un point positif pour la durée de votre relation. Les Cancer ou ascendant Cancer feront partie de vos favoris car ils ont une belle sensualité et du caractère... Mais les Scorpion ou ascendant Scorpion auront également beaucoup à vous apporter. N'oubliez pas les Capricorne ou ascendant Capricorne, sérieux et fidèles.

# Vos affinités avec les autres signes

## VERSEAU AVEC BÉLIER

♒ + ♈

Tout ira très vite entre vous et l'entente sera immédiate, évidente ! Vos sentiments seront intenses, passionnés, et il vous entraînera dans un monde où l'action prime sur la réflexion – ce qui ne vous fera pas de mal, votre cérébralité étant trop envahissante. Toutefois, à la longue, vous risquez de le trouver primaire et de vous agacer de son mauvais caractère ; le Bélier est en effet très soupe au lait, mais ses colères sont vite oubliées !

• **Si vous voulez que ça dure :** ayez chacun de l'humour et riez ensemble de vos petits travers. Ouvrez-vous largement, non seulement sur votre environnement immédiat, mais aussi sur le monde. Faites-le réfléchir davantage sur des sujets qui le concernent directement.

## VERSEAU AVEC TAUREAU

♒ + ♉

Même si l'attirance sensuelle est très forte, ce n'est pas le nirvana entre vous ! Il vous rappelle l'un de vos parents, pas physiquement, mais dans sa façon d'être. Alors, à un moment ou à un autre, vous lui attribuerez tous les défauts de la Terre... Sa lenteur, son côté buté, entêté, vous mettront hors de vous. Toutefois, votre association pourrait être excellente si vous travaillez ou si vous faites des affaires ensemble.

• **Si vous voulez que ça dure :** il n'y a pas d'autre solution que d'accepter vos différences... Mais le Taureau, très en demande d'affection, sera toujours un peu frustré par la distance que vous mettrez entre lui et vous, et ce d'autant plus que vous aurez l'impression qu'il cherche à avoir barre sur vous.

## VERSEAU AVEC GÉMEAUX

Deux signes d'Air ensemble, ça ne peut que bien marcher ! Vous serez épaté par sa curiosité, son éternelle jeunesse et sa capacité à passer d'une chose à l'autre en un instant. Lui adorera votre originalité et vos idées créatives. Vous vous amuserez longtemps ensemble, mais construirez-vous du solide ? Rien n'est moins sûr ! Le Gémeaux a du mal à s'engager et à approfondir ses sentiments; quant à vous, vous le trouverez un peu trop volage.

• **Si vous voulez que ça dure :** vous êtes tous les deux adeptes d'un quotidien qui bouge et détestez les habitudes. Mais ce sont précisément elles qui font, souvent, le ciment d'un couple. Sachez en créer de légères, qui ne donneront pas l'impression à votre Gémeaux d'évoluer dans un univers monotone.

## VERSEAU AVEC CANCER

*° ♒ + ♋ °*

Sa sensibilité et son émotivité font écho à votre tempérament angoissé, mais son besoin de construire du solide, de faire partie intégrante d'une « famille » n'est pas vraiment ce qui vous fait frissonner. Au début, il vous rassurera, mais vous aurez très vite l'impression que vous ne venez pas de la même planète. Toutefois, il peut vous permettre de vous ouvrir à votre monde sensible, ce qui n'est pas évident pour un Verseau.

• **Si vous voulez que ça dure :** prenez des pincettes avec lui, car il est susceptible, irritable et sujet aux sautes d'humeur. Sachez également faire preuve de romantisme, de temps en temps, histoire de nourrir ses fantasmes. Et ne vous moquez pas de son attachement à certains objets chargés de souvenirs.

## VERSEAU AVEC LION

*° ♒ + ♌ °*

C'est votre signe complémentaire, celui que vous admirez, qui vous fascine et vous horripile en même temps. Il est le miroir de vos manques et vous ne pouvez qu'envier son allure, sa prestance. L'amour peut s'insinuer entre vous, surtout si vous acceptez qu'il prenne les commandes. Du moment qu'il vous respecte et n'empiète pas sur votre territoire, vous êtes heureux ! Vous pourrez également faire une très bonne équipe sur le plan professionnel.

• **Si vous voulez que ça dure :** le Lion a besoin d'admiration, de compliments, comme vous de votre espace personnel. Si vous l'aimez vraiment, n'hésitez pas à le flatter gentiment, à lui faire des compliments chaque fois qu'il remporte un succès. Votre regard bienveillant lui est indispensable.

## VERSEAU AVEC VIERGE

Ses manies, sa régularité et sa ponctualité pourraient vous amuser, car a priori vous n'êtes pas du tout comme ça (sauf ascendant Vierge, bien sûr). Vous aurez, à vos côtés, quelqu'un qui saura mieux que personne gérer le quotidien et l'organisera parfois mieux que vous. Cela sera-t-il suffisant pour que votre couple marche ? La Vierge peut déborder de tendresse, mais ne sait pas toujours l'exprimer correctement... Et vous avez à peu près le même problème...

• **Si vous voulez que ça dure :** c'est un nerveux qui se pose mille questions à l'heure et ne se sent jamais vraiment à la hauteur, d'où son incroyable exigence. N'en rajoutez pas en bouleversant son organisation parce que vous la trouvez trop rigide. Il en a besoin pour se sentir en sécurité.

## VERSEAU AVEC BALANCE

Le coup de foudre peut être instantané entre vous ! Deux signes d'Air ont forcément de quoi s'entendre et surtout de quoi discuter pendant des heures. Son sens de la mesure vous séduira, tout autant que son charme et sa délicatesse. Vos idées l'enthousiasmeront et il vous aidera à les concrétiser. Vous ferez un excellent tandem. Mais il attendra beaucoup de vous, ce qui peut vous faire peur et vous donner envie de fuir.

• **Si vous voulez que ça dure :** il vous suffira de donner à votre Balance beaucoup de tendresse et d'attention. Par ailleurs, il a besoin de tout partager et si vous vivez votre vie dans votre coin, il ne sera pas heureux avec vous. Votre couple ne vaut-il pas cette légère concession ?

## VERSEAU AVEC SCORPION

Votre relation peut être très forte, très enrichissante, et en même temps difficile à vivre, car le Scorpion est un être compliqué. Il est à la fois indépendant et jaloux, entier et capable d'indifférence... Il vous imposera un système de douche écossaise auquel vous aurez du mal à vous adapter. Mais vous admirerez sa logique, sa perspicacité et sa force intérieure. Votre relation peut évoluer dans la durée, mais cela vous demandera du travail.

• **Si vous voulez que ça dure :** rien ne sera jamais gagné avec lui, il faut que vous l'acceptiez dès le départ. La relation ne sera pas sereine et ses angoisses existentielles y seront pour quelque chose. Ne cherchez pas à le changer, vous vous heurteriez à un mur.

## VERSEAU AVEC SAGITTAIRE

*° ♒ + ♐ °*

Vous pourriez former un très beau couple, un modèle que vos amis citeront en exemple ! Le monde des idées sera votre royaume et vous y serez particulièrement à l'aise en compagnie du Sagittaire, qui sait mieux que personne les mettre en perspective. De plus, il aime le monde (comme vous) et adore faire la fête. Vous serez toujours extrêmement entourés et aurez une vie sociale excitante. Les sentiments dans tout ça ? À entretenir soigneusement...

• **Si vous voulez que ça dure :** vous êtes aussi indépendants l'un que l'autre et le Sagittaire n'est pas un modèle de fidélité. Trouvez un arrangement qui vous convienne à tous les deux. Si vous arrivez à vous respecter, c'est gagné ! Évitez aussi de le remettre en question à tout bout de champ, même s'il a tort.

## VERSEAU AVEC CAPRICORNE

*° ♒ + ♑ °*

Malgré des points communs évidents, l'amitié serait préférable à l'amour. Sa rigueur, son respect des conventions, son extrême sens moral vont à l'encontre de votre volonté de vous affranchir des contraintes, de transgresser les lois et les tabous. De plus, il a trop besoin de sécurité affective, même si c'est un gros travailleur, pour être vraiment heureux avec vous. En revanche, dans le boulot, vous formerez une sacrée équipe !

• **Si vous voulez que ça dure :** il faut vous trouver un but à deux, quelque chose qui réunisse les idéaux que vous avez en commun. Vous battre ensemble pour imposer l'une de vos idées peut créer des liens solides entre vous et vous dispenser d'un romantisme qui n'est pas votre tasse de thé !

## VERSEAU AVEC VERSEAU

Peu d'efforts à fournir, puisque vous êtes en terrain connu ! Vous formerez une bonne équipe, et un couple un peu décalé. Votre goût pour la provocation vous incitera à choquer votre entourage, et vos amis vous trouveront bizarres tout en vous adorant. L'amour sera présent, mais peut-être sous une autre forme, à travers une amitié amoureuse ou le partage d'un idéal commun. Aussi indépendants l'un que l'autre, vous vous respecterez.

• **Si vous voulez que ça dure :** l'idéal serait que vous vous rencontriez à la maturité, une fois que vous avez fait toutes les expériences possibles. Si ce n'est pas le cas, évitez de mettre trop de distance entre vous sous prétexte de respect, justement. La relation n'y résisterait pas.

## VERSEAU AVEC POISSONS

Tout en étant aussi idéaliste que vous, c'est un grand sensible qui n'appartient pas à votre monde... Mais votre union peut être enrichissante, autant pour vous que pour lui. Il vous apprendra à être plus sensible, plus à l'écoute de vos émotions, et vous l'aiderez à affronter les épreuves de l'existence avec courage et détermination. Cependant, sa dépendance risque de vous peser à la longue, car vous la vivrez comme un poids.

• **Si vous voulez que ça dure :** ne vous énervez pas à cause de ses petites faiblesses et de son manque de sens pratique. Vous n'êtes pas non plus doué dans ce domaine ! De toute façon, il s'adaptera à vous : laissez-lui le temps, tout doucement, de devenir celui ou celle dont vous avez besoin.

# Quel amoureux êtes-vous ?

Seule la position de Vénus dans votre thème peut vous renseigner sur votre manière d'être amoureux et sur ce que vous attendez d'un partenaire. Sa distance au Soleil est réduite, ce qui signifie qu'elle ne peut se trouver que dans cinq signes : le vôtre, les deux qui le précèdent et les deux qui le suivent. Vous êtes Verseau, Vénus ne peut donc occuper que votre propre signe, ainsi que les Poissons, le Bélier, le Capricorne et le Sagittaire. Tous les horoscopes vous le disent : vous êtes quelqu'un d'indépendant qui défend parfois chèrement sa liberté de pensée ou d'action. Mais cela peut changer en fonction de la position de Vénus, qui met des nuances ! Il est vrai que vous êtes de ceux qui détestent les contraintes (sauf celles que vous vous imposez vous-même) et qu'une relation à deux en comporte de nombreuses. La jalousie et la possessivité vous sont particulièrement insupportables car ce sont des sentiments qui, la plupart du temps, vous sont étrangers. Pour vous épanouir, essayez de ne pas aller vers quelqu'un qui vous fascine : vous seriez obligatoirement déçu. Recherchez plutôt une relation à base d'amitié, d'affinités, une personne qui soit un bon compagnon de route pour explorer les tours et détours de la sexualité, un alter ego qui n'aura pas peur non plus de vous livrer son âme.

# SI VOUS AVEZ VÉNUS EN VERSEAU

Plus que les autres Verseau, vous aimez choquer, provoquer et vivre des passions intenses, mais qui ne vous engagent pas forcément pour la vie ! Votre originalité et même votre marginalité s'enrichissent encore avec cette Vénus en Verseau, qui n'est cependant pas un signe de stabilité précoce ! Les sentiments très forts, générés à la fois par la passion amoureuse et par l'idée de transgression, sont souvent plus importants à vos yeux que le partenaire lui-même : il reste longtemps interchangeable. Adolescent, il vous arrive de vous poser des questions sur votre orientation sexuelle et de faire des expériences troublantes. Au fil du temps, vous comprenez qu'une sexualité épanouie passe par un lien stable et surtout par la recherche de complémentarités et d'affinités qui excluent les déchirements.

## SI VOUS AVEZ VÉNUS EN POISSONS

Plus doux, plus tendre que le Verseau classique, vous nourrissant plus volontiers des sentiments de votre partenaire parce que vous êtes en miroir avec lui, vous vous impliquez facilement dans vos relations amoureuses : vous y croyez à fond et idéalisez l'autre chaque fois, même si vous avez fait des expériences décourageantes auparavant ! Vous devez donc vous méfier d'une tendance à vous faire des romans et à anticiper vos plaisirs, dans une vision plus fantasmatique que réelle de la relation. Même si la poésie qui en émane est à elle seule un plaisir absolu. Le charme de cette Vénus en Poissons attire beaucoup le sexe opposé et vous avez généralement du mal à lui résister, d'où une fidélité à éclipses, surtout pendant vos jeunes années. Avec la maturité vient le désir profond de partager vos émotions avec un partenaire que vous n'idéaliserez pas trop !

## SI VOUS AVEZ VÉNUS EN BÉLIER

Instinctif (beaucoup plus que le Verseau ne le sera jamais), impulsif, vous adorez séduire pour séduire. La quête d'un partenaire et sa conquête font partie du jeu de l'amour et, plus qu'un autre, vous êtes conscient que dans la vie il ne faut pas trop se prendre au sérieux, surtout quand on est amoureux. Et même si vos relations sont intenses, fortes et entières, elles n'en demeurent pas moins légères et suspendues à votre désir, ou à celui de votre partenaire. Tant que vous le sentez totalement fou de vous, tout va bien. Mais s'il fait mine de se détacher, ou que vous avez l'impression qu'il vous aime moins, vous lâchez prise avec une rapidité déconcertante, préférant trancher plutôt que de vivre les soubresauts d'un amour finissant. Mon conseil : évitez de créer des liens de dépendance, vous n'y résisteriez pas bien longtemps !

## SI VOUS AVEZ VÉNUS EN SAGITTAIRE

Le ciel vous a doté d'une belle combinaison, très dynamique et séductrice, qui réchauffe le Verseau et lui permet de vivre ses passions en toute liberté. Faire fi des conventions, des tabous, et en libérer aussi votre partenaire, tel est votre désir : vous ne vous épanouissez que lorsque vous avez effacé toutes les frontières entre vous et l'autre. Générosité et idéalisme marquent vos relations, mais vous devez vous méfier d'une forme de naïveté qui pourrait vous porter à croire que les autres sont à votre image, c'est-à-dire sympathiques, loyaux, droits et amicaux. Avant de trouver une stabilité avec quelqu'un, vous aurez besoin de nombreuses expériences pour « apprendre », et ce n'est souvent qu'à la maturité que vous trouverez votre « autre », celui ou celle qui saura respecter vos besoins.

## SI VOUS AVEZ VÉNUS EN CAPRICORNE

Ce n'est pas, en apparence, une combinaison très « chaude », mais c'est souvent le feu sous la glace avec vous ! Vous disposez d'un puissant pouvoir de séduction, mais vous ne le donnez à voir qu'à ceux et celles qui le méritent ! La plupart du temps, vous restez volontairement à distance de ceux qui vous plaisent, l'orgueil et la crainte d'être repoussé vous empêchant de faire le premier pas. Pour justifier du bien-fondé de ce comportement, vous mettez votre indépendance en avant, mais la seule personne que vous trompez, c'est vous-même ! Car il est évident, avec cette Vénus Capricorne, que vous avez besoin d'une relation stable et de racines profondément enfoncées dans le sol. Mais ce besoin est en contradiction avec l'image que vous voulez donner, et votre orgueil s'en accommode difficilement. Avec la maturité, il bat en retraite, vous permettant de vous assouplir et d'être moins en défense vis-à-vis de l'autre.

## Comment calculer votre ascendant ?

**Pour calculer votre ascendant, votre décan et savoir où se trouvent les planètes de votre thème:**

**allez sur celastro.com**

## Retrouvez Christine Haas

https://www.instagram.com/chrishaasoff

https://www.twitter.com/chrishaasoff

https://www.youtube.com/c/ChristineHaasOff

https://www.facebook.com/Celastro-107986160587123

Printed in France by Amazon
Brétigny-sur-Orge, FR

16546098R00074